北大版留学生本科汉语教材·语言技能系列

汉语
初级强化教程
综合课本Ⅳ

Intensive Elementary Chinese Course
A Comprehensive Book Ⅳ

主编：肖奚强　朱　敏

编著（以姓氏拼音排列）：

段轶娜　范　伟

梁社会　沈烂淑

魏庭新　张　勤

朱　敏

翻译：沈　冲

北京大学出版社
PEKING UNIVERSITY PRESS

图书在版编目（CIP）数据

汉语初级强化教程. 综合课本Ⅳ/肖奚强，朱敏主编. —北京：北京大学出版社，2010.3
（北大版留学生本科汉语教材·语言技能系列）
ISBN 978-7-301-17008-3

Ⅰ. 汉… Ⅱ. ①肖… ②朱… Ⅲ. 汉语—对外汉语教学—教材 Ⅳ. H195.4

中国版本图书馆CIP数据核字（2010）第035852号

书 名：汉语初级强化教程·综合课本Ⅳ

著作责任者：肖奚强 朱 敏 主编
责 任 编 辑：焦 晗 李 凌
标 准 书 号：ISBN 978-7-301-17008-3/H·2437
出 版 发 行：北京大学出版社
地 址：北京市海淀区成府路205号 100871
网 址：http://www.pup.cn
电 话：邮购部62752015 发行部62750672 编辑部62752028
出版部62754962
印 刷 者：北京虎彩文化传播有限公司
经 销 者：新华书店
787毫米×1092毫米 16开本 16.75印张 285千字
2010年3月第1版 2020年1月第3次印刷
定 价：58.00元（含MP3盘1张）

前言

对外汉语初级教材经过多年的建设，已经取得了相当的成绩，比如：教材的数量以较快的速度增长，教材的种类不断丰富，教材编写的理论研究和经验总结也不断深入和加强，等等。但是，已有的初级汉语系列教材在教学内容、教学重点，结构、功能和文化的相互配合，课程之间的相互配套等方面还有许多需要改进的方面。因此，我们从教学实践出发，编写了这套《汉语初级强化教程》系列教材，希望能够为初级汉语教材建设添砖加瓦。

编写本套教材的基本原则为三个结合：综合与听说相结合、结构与功能相结合、语言与文化相结合。

（一）综合汉语教材与听说教材的课文，在内容和形式上密切配合，相互容让，注重词汇和语法点的互现和循环。全套教材由一套人马统一编写，避免两种教材众人分头编写，相互不配套，难以施教的现象。

（二）针对目前初级汉语教学中听力和说话分别开课，两门课的教材、教学内容不配套现象严重（或互不相干或重复重叠）的现状，我们将听和说整合为一本教材、一门课，改变目前听说分课，教材不配套，教学相互牵扯的现状。

（三）注重结构、功能和文化的结合，以结构为主线，辅以交际功能，穿插文化背景介绍；加强教材的知识性、实用性和趣味性。

（四）教材中的所有词汇、语法点均与汉语水平考试大纲、对外汉语教学大纲相对照，确保词汇、语法学习的循序渐进，尽可能避免生词、语法的超纲。当然，对于学生学习和交际急需而现行大纲缺少或等级较高的词语，我们也本着实用的原则，适当加入。

（五）本套系列教材的所有编写人员均参与教材的试用，直接吸收教学中的反馈，并在四个平行班试用两年的基础之上进行了修改完善。

本套系列教材按《汉语初级强化教程·综合课本》、《汉语初级强化教程·听说课本》分课编写，主要供汉语言专业本科生、进修生和汉语预科生一学年使用（建议综合汉语课与听说课之比为 5∶4）。为了便于不同起点的班级选用，我们将上下学期使用的《汉语初级强化教程·综合课本》和《汉语初级强化教程·听说课本》各分为两册，即综合课本和听说课本各为 1—4 册。

本教程由主编提出整体构想和编写原则与大纲，编写组讨论完善后分头编写。具体分工如下：

朱敏编写综合课本、听说课本的 1—5 课，41—45 课，综合课本第 6 课。

沈灿淑编写综合课本 7—12 课，听说课本 6—8 课、10—12 课，综合课本、听说课本的 46—50 课。

范伟编写综合课本、听说课本的 13—16 课、51—55 课，综合课本第 25 课，听说课本第 9、19、25 课。

段轶娜编写综合课本、听说课本的 17、18、20—22 课、56—60 课，综合课本第 19 课。

魏庭新编写综合课本、听说课本的 23、24、26—28 课、30、61—65 课。

张勤编写综合课本、听说课本的 29、31—35 课，66—70 课。

梁社会与张勤合编综合课本、听说课本第 36 课，与沈灿淑合编第 37 课，与范伟合编第 38、39 课，与魏庭新合编第 40 课。

全书由主编修改定稿。

本套系列教材从策划、编写、试用到出版历时两年有余。从 2005 年 9 月至 2007 年 6 月在南京师范大学国际文化教育学院理工农医经贸专业汉语预科生的四个平行班试用了两学年，教学效果良好，从形式到内容都受到留学生的欢迎和好评。作为听说合一、综合课与听说课密切配合编写教材的一种尝试，不足之处在所难免，希望得到专家学者和使用本教材教师的批评指正。

编　者

略语表 Abbreviation

形容词	adj.
副词	adv.
助动词	aux.
黏着形式	b. f.
连词	conj.
感叹词	intj.
名量词	m. (n.)
动量词	m. (v.)
名词	n.
数词	num.
拟声词	on.
助词	particle
代词	pr.
前缀	pref.
介词	prep.
后缀	suf.
动词	v.
动宾离合词（如“开玩笑”）	v. o.
动补词	v. (c.)
动名兼类词（如“争议”）	v./n.

目　录

CONTENTS

第五十六课　餐桌上的变化

重点词语：

1. 犯

　让妈妈每天都为吃什么而犯愁

2. ……啊，……啊

　鱼啊，肉啊，应有尽有

3. ……是……，就是

　丰富是丰富，就是……

4. 反而

　太丰富了反而让大家不知道如何选择

5. 够

　就已经够他愁的了

6. 老

　老想变着法子让我吃好

7. 以

　爷爷那代人的餐桌上以它为主

功能项目：

饮食变化

一、课 文

“今天你们想吃什么？”每当妈妈问起我和爸爸，我们都会异口同声地说：“随便。”就是这句“随便”，让妈妈每天都为吃什么而犯愁。现在人们的生活好了，不再像过去那样，想吃什么没什么。鱼啊，肉啊，应有尽有。食物丰富是丰富了，就是太丰富了反而让大家不知道如何选择。每当这时，爷爷就会回忆起以前那些艰苦的日子。

爷爷上世纪三十年代出生在东北的农村。他年轻的时候，庄稼人吃粮食都受限制，一日三餐能填饱肚子、不挨饿就不错了，更别说什么营养搭配了。爷爷家的日子过得很苦。他们那一代人都是蹲在树下胡乱地喝几口稀稀的玉米粥，就又赶着去干活了，根本用不着什么餐桌。爷爷结婚后生了五个儿女，那时候，怎么把孩子养活就已经够他愁的了，能有一碗白米饭捧到儿女跟前，爷爷就高兴得不得了了，哪里谈得上选择呢！

爸爸年轻的时候正好赶上改革开放。改革开放以后每家每户都分上了田地。吃是不愁了，白花花的大米饭把爸爸的肚子撑得像西瓜一样圆。据爸爸说，那时候他特别能吃，一顿可以吃两大碗，撑得他至今还挺着个“将军肚”呢。虽然那时候很少见到大鱼大肉，但农村自家种的粮食和蔬菜，让爸爸吃出了一个好身体。

到了我这一代，餐桌上要什么有什么，不仅讲究色、香、味，而且更重视营养上的搭配了。妈妈总是把大米、小米、香米、黑米等各种米混在一起做，细粮、粗粮轮流上桌。为了满足我的胃口，妈妈每天都为做什么菜苦恼。上菜市场也不知道买什么好，老想变着法子让我吃好、吃香，但还是提不起我的胃口。现在，大家怕的已经不是吃不饱，而是担心营养过剩。每天都能听到人们嚷着要减肥，苗条了还要再苗条。

特别值得一说的是玉米，我爷爷那代人的餐桌上以它为主；我爸爸那一代对玉米却不屑一顾；如今，我们这一代人对玉米却万分喜爱。玉米是最好的粗粮，吃惯了细粮，啃着又香又甜的玉米，有说不出的舒服。

从餐桌上的变化，我们可以看到祖国正从过去的贫穷走向现在的繁荣，到将来的发达，每一步都充满希望。

二、生 词

1. 异口同声		yì kǒu tóng shēng	with one voice, in unison	
2. 应有尽有		yīng yǒu jìn yǒu	have everything that one should have	
3. 反而	adv.	fǎn'ér	on the contrary, instead	丙
4. 如何	pr.	rúhé	how about it, when, how, why	乙
5. 艰苦	adj.	jiānkǔ	arduous, difficult, hard	乙
6. 庄稼	n.	zhuāngjia	crops, emblements	乙
7. 限制	v./ n.	xiànzhì	restrict, limit	乙
8. 挨	v.	ái	suffer	丙
9. 搭配	v./ n.	dāpèi	arrange in pairs or groups	丁
10. 胡乱	adv.	húluàn	carelessly, casually, at random	乙
11. 稀	adj.	xī	liquid, scattered, rare	丙
12. 玉米	n.	yùmǐ	corn, maize	乙
13. 粥	n.	zhōu	porridge	丙
14. 用不着		yòngbuzháo	needn't	乙
15. 跟前	n.	gēnqián	close to, nearby	乙
16. 白花花	adj.	báihuāhua	shining white	
17. 大米	n.	dàmǐ	(husked) rice	乙
18. 撑	v.	chēng	bulge, expend	丙

19. 将军肚	n.	jiāngjūndù	pot-bellg, big belly	丙
20. 小米	n.	xiǎomǐ	millet	丁
21. 混	v.	hùn	mix, put together	乙
22. 胃口	n.	wèikǒu	appetite; liking	
23. 苦恼	adj.	kǔnǎo	distressed, worried	丁
24. 老	adv.	lǎo	always	乙
25. 法子	n.	fǎzi	way, method, solution	丙
26. 嚷	v.	rǎng	shout	乙
27. 苗条	adj.	miáotiao	slender, slim	
28. 以	prep./conj.	yǐ	taking, according to	乙
29. 不屑一顾		bú xiè yí gù	not worth a glance	
30. 万分	adv.	wànfēn	very much, extremely	丙
31. 喜爱	v.	xǐ'ài	like, love, be fond of	丙
32. 啃	v.	kěn	nibble, bite	丁
33. 祖国	n.	zǔguó	one's country, homeland	甲
34. 贫穷	adj.	pínqióng	poor, needy	丙

本课新字

异 艰 庄 稼 限 挨 胡 玉 粥 撑

混 恼 嚷 屑 啃 祖 贫

三、注 释

为吃什么而犯愁　worry about what to eat

"为……而……"表示因为某种原因而处于某种状态，或为了某种目的而采取某种行动。如：

The expression "为……而……" indicates to be in some conditions because of some reasons. For example:

（1）父母一直为我们姐妹几个而感到骄傲。

（2）为祖国的繁荣而努力学习。

四、重点词语

（一）犯　make, take place, break

1.［动］发生、发作（多用于错误的或不好的事）。如：

[v.] It means "take place" or "outbreak", mainly indicating something wrong, not good. For example:

（1）人不可能不犯错误。

（2）他的胃病又犯了。

2.［动］违犯、侵犯。如：

[v.] It means "break, encroach, or invade". For example:

（1）他总干一些犯法的事，别和他在一起。

（2）他因为犯纪律，被老师批评了一顿。

［习用语］犯得（不）着

[Idiom] not worth of doing

意思是值得（不值得）。

It means (not) to be worth of doing sth.

（1）为这点儿小事犯不着生那么大的气。

（2）犯得着为他这样做吗？

（二）……啊，……啊 such as ……

"……啊，……啊"用在句中表示列举，一般可以和"什么的"搭配使用。如：

This expression "……啊，……啊" is used to list the examples in a sentence. Usually it is combined with "什么的 (and so on)". For example:

（1）苹果啊，香蕉啊，草莓啊，我都喜欢吃。

（2）这里的山啊，水啊，花啊，草啊什么的，都是我熟悉的。

（3）听到这个好消息，他开心地唱啊，跳啊，就像个三岁的孩子。

（三）……是……，就是 yes, it is, but actually

用在转折句中，确定范围，排除其他。意思与用法同"……是……，可是（但是）……"如：

This expression is used in a transition sentence, expressing a certain bound so as to exclude the rest. The usage is similar to the expression "……是……，可是（但是）……". For example:

（1）吃是吃了，就是没吃饱。

（2）他给是给了，就是给的不太多。

（3）这个孩子聪明是聪明，就是有点儿淘气。

（四）反而 instead, on the contrary

［副］表示根据常识或常理，由 A，可以出现或得出 B，可是没有出现或得出 B，却出现或得出了与 B 相反的 C，常与"不但+否定词"搭配使用。如：

[adv.] It means that conclusion B should be drawn from the fact A according to the common sense. However, conclusion B cannot be drawn or doesn't appear, what's more, conclusion C appears, which is opposite to conclusion B. For example:

(1) 春天来了(A)，天气应该暖和了(B)，可现在不但没暖和，反而更冷了(C)。

(2) 他考试没有通过(A)，可老师不但没批评(B)他，反而还表扬(C)他了。

(五) 够　reach, enough, sufficient

1. [动] 满足需要的数量、标准、程度等。如：

[v.] To meet the requirement of quantity, standard, degree, etc. For example:

(1) 你带的钱够不够？

(2) 我总觉得时间不够用。

(3) 这些书够我看一年呢。

"够"还可以用在动词后面做结果补语，中间可以插入"不"。如：

The word 够 can also be used after a verb as a complement of result, in between 不 may be inserted. For example:

(1) 我还没睡够呢，让我再睡一会儿吧。

(2) 这样的话再多我也听不够。

2. [副] "够"修饰形容词，表示达到一定的标准或表示程度高。如：

[adv.] The word 够 is used to modify an adjective, meaning to reach a certain standard or a higher degree. For example:

(1) 你的头发够短的了，别剪了。

(2) 今天可够冷的呀。

[习用语] 够朋友

[Idiom] really a friend

意思是能尽到朋友的情分。如：

It means one has done what a friend ought to do. For example:

（1）你这么做太不够朋友了，你没把我当朋友看哪。

（2）你在这件事上做得够朋友。

（六）所　all, as far as

1.［助］“所”用在及物动词的前面，使“所+ v.”成为名词性短语。多用于书面语。如：

[aux.] The word 所 is used before a transitive verb to make the structure “所+动” a noun phrase, which is mainly used in written Chinese. For example:

（1）我所知道的就是这些。

（2）据我所知，他昨天没去上课。

2.“所”还可以用在“为+ n. +所+ v.”的格式中。如：

The word 所 can also be used in the structure “为+ n. +所+ v.”. For example:

（1）这部小说早为观众所熟悉了。

（2）我们都为她的歌声所吸引。

3.“所”还经常出现在一些固定的四字格式中，“所”后面的动词为单音节动词。如：

The word 所 is also used in some fixed four-word phrases frequently. The verb after 所 must be a single-syllable one. For example:

所见所闻　　各取所需　　无所不知

（七）老（老是）　always, often

1.［副］意思是“总是、一直”。如：

[adv.] It means “always”. For example:

（1）老麻烦你，真不好意思。

（2）他对人老是那么热情。

（3）我早就想去看看你，可老没时间。

2.“老+ adj. +的”表示程度高。如：

In the structure “老+ adj. +的”, the word 老 means a high degree. For

example:

（1）他老大的年纪了，也不结婚。

（2）他的胡子老长老长的。

（八）以　as, by, according to

1. ［介］表示凭借、拿。如：

[prep.] It means "by, with". For example:

（1）我以老朋友的身份劝你不要这样做。

（2）这次比赛真精彩，最后我们竟然以少胜多。

2. 表示方式、根据。如：

It means a method or a foundation. For example:

（1）平均每家以四口人计算。

（2）这篇文章的作者排名以姓氏笔画为序。

3. 表示原因。如：

It denotes causes. For example:

（1）我们以有这样的学生而自豪。

（2）我们不以成败论英雄。

五、练　习

（一）朗读短语

如何选择	如何理解	条件艰苦	艰苦的生活	犯病	犯愁
犯错误	受限制	限制自由	挨骂	挨批评	挨了顿打
改革开放	文化改革	所思所想	无所不为	词语搭配	
搭配衣服	万分感谢	激动万分	以一当十	以练为主	
胡乱穿衣	胡乱说话	生活贫穷	贫穷的国家	混为一谈	

（二）选词填空

反而　跟前　搭配　以　够　异口同声　应有尽有　贫穷　混　限制

1. 今天的课__________同学们的讨论为主，我就不讲什么了。
2. 那个小偷很快就__________进了人群，怎么找也找不到了。
3. 女朋友和他分手了，这件事__________他伤心一段时间的。
4. 他们国家资源很少，因此__________了经济的发展。
5. 这家超市__________，留学生都喜欢到这儿来买东西。
6. 她是个很爱打扮的女孩儿，每天出门前都会为如何__________衣服、鞋子而犯愁。
7. 天气预报说今天下雨，可是今天不但没下，__________还出太阳了。
8. 他很喜欢站在窗户__________欣赏外面的风景。
9. 以前我们的生活十分__________，但是现在比以前好多了。
10. 听了老师的话后，同学们__________地说要努力学习。

（三）根据课文回答问题

1. 为什么妈妈每天要为吃饭而犯愁？
2. 爷爷为什么要回忆从前？
3. 爷爷当年的日子过得怎么样？
4. 爸爸那一代人年轻时都吃什么？
5. 我们这一代又吃些什么？
6. 我们这一代在吃的方面更重视什么？
7. 我们为什么喜欢吃爷爷那一代人吃的主食？
8. 读了这篇课文，你有什么感想？

（四）使用画线词语模仿造句

1. 他不但不努力学习，反而天天在宿舍上网、睡觉。

____________________，____________________。

2. 连老师都不知道怎么回答这道题，更别说他这个刚刚入学的学生了。

________________，________________。

3. 如何找到一份还算满意的工作已经成了他头疼的事儿了。

________________，________________。

4. 妈妈总是以家庭为重，每天都要为我和爸爸操心。

________________，________________。

5. 我已经把我所知道的都告诉你了，你别再问我了。

________________，________________。

6. 我们不是怕钱不够，而是根本不知道买什么。

________________，________________。

（五）用所给词语完成句子

1. ________________，你能不能帮帮我？　（如何）
2. 别生气了，________________。　（犯不着）
3. 看到你送的礼物，________________。　（说不出）
4. ________________，他还要学习呢。　（老）
5. ________________，你应该满足了。　（够）
6. 真奇怪，老师不但没批评他，________________。　（反而）

（六）改错句

1. 他昨天在班上犯了个大笑话。

____

2. 我以为他知道这件事，可他反而不知道。

____

3. 昨天晚上我吃得不够，不一会儿就饿了。

____

4. 昨天买的这些书他看够一个星期了。

____

5. 这件衣服贵是贵，就是不太好。

____

6. 我们这一代人，关于玉米却万分喜爱。

____

（七）选择正确的说法

1. A. 他都是每天在路边急急忙忙地买点儿早饭就上班了。
   B. 他每天都是急急忙忙地在路边买点儿早饭就上班了。
   C. 他每天急急忙忙地都是在路边买点儿早饭就上班了。
   D. 他都是急急忙忙地每天买点儿早饭在路边就上班了。　（　　）
2. A. 那家超市的水果有些可能贵。
   B. 可能那家超市的有些水果贵。
   C. 那家超市的水果可能有些贵。
   D. 那家有些超市的水果可能贵。　（　　）
3. A. 这是一件多么让人高兴的事呀！
   B. 这是让人多么高兴的事一件呀！
   C. 这是一件让人高兴多么的事呀！
   D. 这是一件高兴的事多么让人呀！　（　　）
4. A. 白花花的大米饭把爸爸的肚子撑得像西瓜一样圆。
   B. 白花花的大米饭撑得把爸爸的肚子像西瓜一样圆。
   C. 白花花的大米饭把爸爸撑得像西瓜一样圆的肚子。
   D. 白花花的大米饭把撑得爸爸的肚子像西瓜一样圆。　（　　）
5. A. 他都从来不知道如何进行选择。
   B. 他从来不知道如何进行都选择。
   C. 他从来都不知道如何进行选择。
   D. 从来他不知道如何都进行选择。　（　　）
6. A. 那时候爷爷什么都苦吃过。
   B. 爷爷那时候什么苦都吃过。

C. 爷爷那时候都吃过什么苦。

D. 那时候都爷爷苦吃过什么。 (　　)

（八）综合填空

通__________

各_____同学：

为了让同学们更_____了解中国文化，本院决_____于本周五（4月9日）下午两点半举办一个_____于“中西方文化交流”的讲座。到时，我们将请王教授_____我们介绍中国的文化_____况，希望感兴趣的同学能_____极报名参加。因为座位不_____，所以请想要参加的同学_____前两天到办公室报名。4月7日办公室会告_____大家具体地_____。

院办公室

3.30

（九）阅读理解

我的爸爸十分愚蠢（yúchǔn foolish），他经常几件事情同时做。前几天，他在清理被我弄脏的墙时，又在厨房里烧水。水烧好了，他急忙跑过去，一不小心踢倒了地上的水桶，结果水洒得满地都是。事后，爸爸轻轻地拍着我的头说：“你看爸爸多么愚蠢。”

前天早晨，爸爸一早就起床做好了饭。吃完早饭后，他连忙让我背上书包，出门骑着自行车就带我去学校了。我以为爸爸给我报名参加辅导（fǔdǎo tutor）班了呢，但是当爸爸骑车到了学校附近时，突然又掉头往回走。回家后他轻轻拍着我的后背，说：“糟糕！我竟然忘了今天是星期六。”

据奶奶说，爸爸到现在为止做的最愚蠢的一件事情，就是在上夜班的路上，在马路边捡回了被亲生父母遗弃（yíqì abandon）的我，为此爸爸今年都三十六岁了，还没有结婚。我还听奶奶说，在我三岁的时候，有一位姑娘愿意嫁给爸爸，但是必须要把我送给别人收养，爸爸不同意，从那以后爸爸就再也没有提结婚的事了。

尽管我的爸爸十分愚蠢，可是在这个世界上，他是我最爱的人。是他教会了我很多东西，是他教会了我如何做人，也是他教会了我如何去对待（duìdài treat）别人。我长大以后，也要像爸爸那样，如果有小孩儿被遗弃了，我就把他接回家，像爸爸一样给他温暖，所以我希望愚蠢的爸爸身体健康，耐心地等我长大……

（改编自《愚蠢的爸爸》，《青年博览》2006年第12期）

根据文章判断正误

1. “我”的爸爸给我报名参加了辅导班。（　　）
2. “我”没有妈妈，只有爸爸和奶奶两个亲人。（　　）
3. 爸爸没有结过婚。（　　）
4. 爸爸早上上班的时候捡到了“我”。（　　）
5. 爸爸是“我”最爱的人。（　　）
6. “我”希望自己快点儿长大。（　　）

文化小贴士 Proverbs

人是铁，饭是钢，一顿不吃饿得慌。

Rén shì tiě, fàn shì gāng, yí dùn bù chī è de huang.

Human is iron, and food is steel, one cannot even miss a single meal.

本课听说生词
New words in listening exercises

性别	白菜	痛苦	开演	种植	土豆	人民	建设
气象员	准确	蜜蜂	活跃	反应	接近	预测	达到
增长	结论	精致	面食				

第五十七课 换一个角度

重点词语：

1. 偏偏

   而这时偏偏又堵起了车。

2. 不由得

   女孩儿心里就不由得更加着急了。

3. 果真

   果真，男孩儿气愤地对女孩儿说。

4. 究竟

   你究竟还要我等多长时间？

5. 顿时

   顿时，女孩儿流下了委屈的眼泪。

6. 往往

   爱与恨往往在于一瞬间。

   母亲过多的关心往往会让我们觉得麻烦。

7. 在于

   爱与恨往往在于一瞬间。

8. 相反

   相反，如果你在等待 30 分钟后改变一下想法……

功能项目：

对事情的看法、态度

一、课 文

前几天，在杂志上看到一篇很有意思的文章，说的是同样一件事，发生在不同人的身上，结果完全不同。

有一对情侣，约好了下班后一起去市中心吃饭、逛街，可是女孩儿因为公司的会议而耽误了时间。她坐在公共汽车里感到很不安，心想：男朋友肯定急死了。而这时偏偏又堵起了车，看着拥挤的车流，女孩儿心里就不由得更加着急了。这时她已经迟了30分钟了……

终于见面了。果真，男孩儿气愤地对女孩儿说："你每次都这样，你究竟还要我等多长时间？现在我什么心情都没了，我要走了！今后也不想再等你了！"顿时，女孩儿流下了委屈的眼泪。

也许他们再也没有将来了！

同一天，另一对情侣也面临同样的情况，女孩儿到达时也已经晚了半个多钟头。"对不起，都怪我，让你等了这么长时间。"女孩儿抱歉地说。"没关系，你一定是忙坏了，我们先找个地方歇歇吧！"男孩儿边说边撑起雨伞快步走到女孩儿的面前，接着又拿出纸巾为她擦掉了脸上的雨水，然后脱下外套披在女孩儿的身上，拉着冻得发抖的女孩儿，走到可以避雨的地方……这时，女孩也流下了眼泪！但这不是委屈的眼泪，而是喜悦高兴的眼泪！

对比两个女孩儿，我们会发现，同样是眼泪，可第一个女孩儿的眼泪让人“心疼”，第二个女孩儿的眼泪却让人觉得“心动”！

其实，爱与恨往往在于一瞬间。当你等待时，如果每等一分钟就在心里增加一分不满，那么，30分钟后这些不满就会像火山一样爆发出来；相反，如果你在等待30分钟后改变一下想法……“啊！我又少了30分钟和他相处的时间，等他来的时候，我会更加珍惜现在的一切！”结果怎样，相信你一定比我还清楚。

任何事都有有利的一面和不利的一面。我们在思考问题、处理问题时，要尽量从不利的因素中找到有利的因素。比如，母亲过多的关心往往会让我们觉得麻烦，但是如果能从她的关心中体会到无尽的母爱，不也感到十分温暖吗？又如，失败常常会让我们失去信心，但是如果我们能记住“失败是成功之母”，并试着去寻找原因，从头再来，不是离成功又近了一步吗？因此，换一个角度、换一种思考方法，可以让我们更多地体会到生活的精彩；换一个角度、换一种思考方法可以让我们消除矛盾、避免误会。如果你试着向另一个方向走，你会发现一切都完全不同了。

二、生词

1. 角度	n.	jiǎodù	point of view; angle	丙
2. 情侣	n.	qínglǚ	sweethearts, lovers	
3. 耽误	v.	dānwu	delay	丙
4. 不安	adj.	bù'ān	unease	丙
5. 拥挤	v./ adj.	yōngjǐ	crowd, push and squeeze	丙
6. 车流	n.	chēliú	incessant stream of vehicles on the road, traffic flow	
7. 不由得	adv.	bùyóude	can't help, cannot but	丙
8. 迟	adj.	chí	slow, late	丙
9. 果真	adv. conj.	guǒzhēn	really, as expected; if really	
10. 究竟	adv.	jiūjìng	on earth, actually, exactly	乙
11. 今后	n.	jīnhòu	from now on, henceforth	乙
12. 顿时	adv.	dùnshí	immediately, at once	丙
13. 委屈	adj./ v.	wěiqu	feel wronged, chagrin	丙
14. 面临	v.	miànlín	be faced with	丙
15. 怪	v.	guài	blame	乙
16. 歇	v.	xiē	have a rest, take a rest	乙
17. 披	v.	pī	drape over, wrap around	乙
18. 发抖	v.	fādǒu	shiver, shake	乙
19. 喜悦	adj.	xǐyuè	happy, joyous	丙

20. 对比	v./n.	duìbǐ	contrast	乙
21. 恨	v.	hèn	hate	乙
22. 往往	adv.	wǎngwǎng	often, frequently	乙
23. 在于	v.	zàiyú	lie in, depend on	丙
24. 瞬间	n.	shùnjiān	a flash, a very short moment	
25. 火山	n.	huǒshān	volcano	丁
26. 爆发	v.	bàofā	(volcano)erupt;break out	丙
27. 相反	adj./conj.	xiāngfǎn	opposite, contrary	乙
28. 相处	v.	xiāngchǔ	get along (with one another)	
29. 有利	adj.	yǒulì	advantageous, beneficial	乙
30. 不利	adj.	búlì	disadvantageous,detrimental	丙
31. 思考	v.	sīkǎo	think deeply, ponder over	丙
32. 无尽	v.	wújìn	endless	
33. 之	particle	zhī	of	丙
34. 消除	v.	xiāochú	eliminate, clear up	丙
35. 避免	v.	bìmiǎn	prevent, avoid	乙

本课新字

侣 耽 委 屈 歇 披 抖 恨 瞬

爆 避

三、注　释

失败是成功之母　failure is the mother of success.

意思是只有经历过无数次的失败才会成功。经常用于激励失败的人。

It means that one cannot succeed only after he has experienced lots of failures. It is often used to encourage those who fails.

四、重点词语

（一）偏偏　on purpose, opposite to a normal state

1.［副］主观上故意去做某事和某人作对，语气比较坚决。如：

[adv.] Subjectively one is opposed to sb. or sth. on purpose, with a firm tone. For example:

（1）我让他往西去，他偏偏要往东走。

（2）妈妈要求她每天 10 点以前回家，可她偏偏 12 点才回家。

2. 表示实际存在的情况和主观愿望或常理相反。如：

It means that the real situation is opposed to one's subjective will or to a normal state. For example:

（1）本来我们打算去郊区旅游，可偏偏下起了雨，计划就只能取消了。

（2）我最不喜欢去那家饭店吃饭了，可他们偏偏请我去那儿吃。

（二）不由得　can't help doing

1.［副］自己控制不住自己，有“忍不住”的意思。如：

[adv.] It indicates that one cannot control oneself, meaning “can't help doing sth.”. For example:

（1）老朋友见面，不由得谈起了以前的事。

（2）提起儿子的病，父母不由得掉下了眼泪。

2.［动］不让，不允许。常用在主语前，动词一般为否定形式。如：

[v.] It means "not allow". It is usually used before a subject, and the verb is often in the negative form. For example:

（1）她现在已经胖了三十多斤了，原来的衣服都不能穿了，不由得她不减肥了。

（2）老师这么严格，不由得学生不努力学习。

（三）果真　really, as expected, if really

1.［副］表示事实与所说、所料相符。意思与"果然"相同。如：

[adv.] It means that the fact matches what is said or expected. The meaning is similar to that of 果然 (as expected). For example:

（1）他说要下雨，果真下雨了。

（2）这次比赛他果真夺得了第一名。

2.［连］假设事实与所说、所料相符。意思与"如果"相同。如：

[conj.] A hypothesis matches with what is said or expected. The meaning is similar to that of 如果（if). For example:

（1）果真是这样，那就好办了。

（2）你果真爱她，那你就和她结婚吧。

（四）究竟　on earth

1.［副］用于问句，表示进一步追究，有"到底"的意思，可以放在动词、形容词前，也可以用在主语前面。多用于书面。如：

[adv.] It is used in an interrogative sentence, indicating a further investigating, meaning 到底 (on earth). It can be used before a verb, an adjective or the subject. It is mainly used in written Chinese. For example:

（1）你究竟有多大？

（2）这本书究竟好不好？

（3）究竟你去还是他去？

2.[副] 归根到底，毕竟。有加强语气的作用。多用于带有评价意义的陈述句中。如：

[adv.] It means " in the final analysis", " after all", with the intensive functions. It is mainly used in a declarative sentence of comment. For example:

孩子究竟还是孩子，很多事情都不懂。

3. 另外，例句（1）（2）的都可以用“到底”。“究竟”多用于书面语，“到底”多用于口语。但是，“到底”还有终于的意思，而“究竟”没有。如：

Besides,the phrase 到底 can be used in the examples of（1）and（2）. The phrase 究竟 is mainly used in written Chinese, while 到底 is mainly used in spoken Chinese. However, 到底 has the meaning of 终于（at last), while 究竟 does not. For example:

这本书他写了三年，到底还是写完了。

*这本书他写了三年，究竟还是写完了。

（五）顿时　immediately

[副] 表示行为、动作发生得很快或紧接着另一件事发生，有“立刻”、“马上”的意思。但只用于描述发生过的事情，多用于书面语。如:

[adv.] It denotes an action or a movement occurs immediately or just after another one, meaning 立刻 (immediately), 马上 (at once). It only describes what has happened in the past, which mainly appears in written Chinese. For example:

（1）听到这个好消息，她顿时高兴得跳了起来。

（2）走出房间，顿时，一股冷风吹了过来。

注意:“马上”和“立刻”还可以表示即将发生的事情。而“顿时”一般不可以。如：

Note: The phrases 马上 and 立刻 can also describe what is going to happen in a minute, but the phrase 顿时 can not. For example:

（1）马上(立刻)开会!

＊顿时开会！

(2) 再等会儿，我马上(立刻)就去。

＊再等会儿，我顿时就去。

(六) 往往 usually, used to

[副] 表示在某种条件下，某种行为或情况一般怎样发生或可能怎样发生，常常带有规律性或推断性。如：

[adv.] It means that under certain conditions, how a certain behavior or situation occurs or may occur. It often indicates a kind of order or inference. For example:

(1) 天气好的时候，他们往往一起出去爬山。

(2) 人的年纪一大，往往会忘记很多事。

注意：比较"往往"和"常常"

Note: Compare 往往 with 常常

1. "往往"是对目前出现的情况或对以往的事情进行总结，带有一定的客观规律性，不带有主观意愿。"常常"单指动作、行为的多次性，不一定有规律性，可以用在主观意愿前。如：

The phrase 往往 is used to make a conclusion to the present situation or to the past one, indicating a certain objective order, without subjective will. The phrase 常常 only means that an action or a behavior occurs time and time, not always with order. It can be used before the subjective will. For example:

请你常常来我家玩儿。(单纯地表示动作出现次数的多少)

＊请你往往来我家玩儿。

2. "往往"只能用于表示过去，不能用于表示将来。可"常常"不受限制。如：

The phrase 往往 can only be used to express the past, not the future. However, the phrase 常常 is not limited. For example:

我希望以后能常常见到你。

*我希望以后能往往见到你。

3. “往往”多修饰在某种条件或情况下常发生的动作、行为，使用时一般会出现与动作、行为有关的条件或情况。“常常”则不受限制。如：

The phrase 往往 is mainly used to modify the frequently-happened movement or behavior under a certain condition or situation. When it is used, the concerned conditions or situations often exist,while the phrase 常常 is not limited. For example:

全家人在一起时，妈妈往往要准备一桌子的菜。

*妈妈往往要准备一桌子的菜。

（七）在于　lie in, depend on

1. [动] 指出事物的本质所在。如：

[v.] It points out the nature of something. For example:

（1）他的优点在于他能处处关心别人，为别人考虑。

（2）骑车的好处在于能锻炼身体。

2. [动] 决定于。如：

[v.] It means “depending on”. For example:

（1）去不去在于你自己。

（2）怎么处理这件事在于老师的态度。

（八）相反　on the contrary

1. [连] 用于第二个分句的句首或句中，表示和上文所说的意思相矛盾。如：

[conj.] It is used at the beginning of or in the second clause, indicating the meaning is contradictory to what is mentioned above. For example:

（1）困难没把他吓倒，相反还让他更有信心去战胜困难了。

（2）我以为他听了这个消息会很难过，相反，他却笑了起来。

2. [形] 事物的两个方面互相矛盾。如：

[adj.] It modifies two contradictory aspects of something.

他们俩朝相反的方向走去。

五、练　习

（一）朗读短语

结果相同	结果相反	相反的方向	耽误时间	耽误事情
多角度	换角度	不由得生起气来		不由得你不听
果真不错	果真如此	委屈自己	受委屈	面临选择
面临困难	究竟多高	究竟怎样	有利因素	不利条件
寻找答案	寻找办法	无尽的母爱	无尽的痛苦	明显的对比
珍惜时间	珍惜生命	珍惜一切	自相矛盾	增加矛盾

（二）选词填空

爆发　矛盾　不利　角度　不由得　委屈　不安　更加　相反　往往

1. 你换个______照会更漂亮。
2. 他们夫妻俩天天吵架，______很大。
3. 他们两个的性格正好______。
4. 明天就要考试了，他的心里______紧张了起来。
5. 经过三十多年的发展，我们国家的经济______繁荣了。
6. 现在的情况对我们的工作很______ 。
7. 宿舍里人多的时候，她______去教室看书。
8. 最近新闻上说，他们国家______了一种流行性疾病，死了很多人。
9. 老师以为他没有交作业，批评了他一顿，他感到很______。
10. 最近他的心里总是感到很______，就好像要发生什么大事一样。

（三）根据课文回答问题

1. 第一对情侣中的男孩儿对女孩儿怎么样？

2. 第一对情侣中的女孩儿为什么流眼泪？
3. 如果你是第一对情侣中的女孩儿，你会怎么办？
4. 第二对情侣中的男孩儿对女孩儿说了些什么？
5. 第二个女孩儿为什么流眼泪？
6. 如果你在现实生活中遇到不开心的事，你怎么办？

（四）用所给词语改写句子

1. 她一听到奶奶去世的消息就哭了起来。（顿时）

____

2. 听到这个消息，小王很伤心，可是小李却很高兴。（相反）

____

3. 已经晚上10点了，可女儿还没回来，爸爸妈妈忍不住担起心来。（不由得）

____

4. 现在摆在大学生面前的问题很多，找工作、买房子、结婚生子等等。（面临）

____

5. 这个问题的关键是他能不能同意。（在于）

____

6. 妈妈让小明认真学习，可小明每次都不听她的，一定要玩儿游戏。（偏偏）

____

7. 我的话你听见了没有？为什么我问你，你都不回答呢？（究竟）

____

（五）用所给词语完成句子

1. 这么晚了，赶快睡觉吧，______________。（耽误）

2. 考虑事情不能只从一个方面考虑，________________。（角度）
3. 我感觉这次考试没有考好，________________。（果真）
4. ________________，他急忙过来安慰我。（委屈）
5. 虽然她们是姐妹俩，________________。（相反）
6. ________________，不能等失去的时候才后悔。（珍惜）
7. 听说妈妈生病住院了，________________。（不安）
8. ________________，他也不希望发生这样的事情啊。（怪）

（六）改错句

1. 我和丈夫往往出去散步。

____

2. 这种感冒药的结果很不错，你可以试试。

____

3. 我穿了很多衣服，为了避免不感冒。

____

4. 他顿时快三十岁了，可还不打算结婚。

____

5. 他不但去参加了晚会，相反，还去得很早。

____

6. 他出生在于一个小山村里。

____

7. 你让我去，偏偏我不去。

____

8. 这次考试他得了第一名，不由得高兴。

____

（七）选择正确的位置

1. 我 A 前天 B 是和他们 C 去的超市 D。（一起）

2. 他想了 A 半天 B 写出 C 这么几个字 D 来？ （就）
3. 我们能不能 A 通过考试 B 关键 C 还 D 自己。 （在于）
4. 我 A 怎样 B 做你 C 才会 D 满意？ （究竟）
5. A 我今天 B 没带伞，C 却 D 下起雨来。 （偏偏）
6. A 在那种 B 情况下，C 我 D 就那样做了。 （不由得）
7. 人 A 在 B 失去后 C 才 D 知道珍惜。 （往往）
8. 他不但 A 没有提前到，B 却 C 晚到了半个小时 D。 （相反）

（八）综合填空

那年暑假，一个女同学______我去她家玩儿。去时我什么东西也没带，从她家回来的时候，她______给我准备了很多东西，装了满满的一包。

______实，从她家到我家，坐火车也就二十几个小时，根本不需要准备那么多东西，但看到她为我收拾行李时，我的心里是很温暖______。

后来，她又帮我提着那个大包，把我送______了火车上。

包里的东西很多。鸡腿一大包，实______吃不完，在火车上给了别人。苹果六七个，没吃完，带回家去了，但一直舍不______吃。还有一些甜食，都______我在路上吃完了。我爱吃甜食，知道的人______不多，她却很清楚。三盒方便面，两包小菜。火车上的饭贵______且难吃，我就______方便面当饭吃了。两盒胃药，我肠胃不好，经常拉肚子，她都知道。最______，还有几本杂志。

在那以前，我对她并没有特______的感觉。爱上她，就是______她帮我收拾行李、送我上车时开始的。

（九）阅读理解

台湾地区的新生儿出生率有逐年降低的趋势（qūshì trend），统计显示，岛内今年 4 月份出生率为 9.3‰，6 月份又降到 8.9‰。此外，有迹象（jìxiàng sign）表明，新生儿的性别比例也不平衡（pínghéng balance）。据台湾“内政部”统计，最近台湾地区每年出生的男宝宝都比女宝宝多 1 万多人。目前岛内9岁以下的儿童，男孩儿就比女孩儿多出12万人之多。媒体形容说，将来台湾地区的男性娶外籍（wàijí foreign nationality）新娘的情形恐怕有增无减。

资料显示，岛内人口结构中，50岁到60岁的男女比例接近1比1，60岁以上的女性人数多于男性，而在50岁以下，男性人口就比女性多，特别是从15岁以下，每个年龄层男性都比女性多1万多人。台“内政部”相关人士指出，近几年岛内的男女比例已经达到110比100，的确应该引起注意。

为什么会这样呢？台“内政部”称，这种情况应该是受到传统重男轻女观念的影响。相关人士希望岛内居民不要用医学技术筛选（shāixuǎn select）胎儿的性别，这样对将来两性健康发展才比较有利。

根据文章选择正确答案

1. 台湾地区新生儿男女比例不平衡的主要原因是什么？（　　）
   A. 男性都娶外籍新娘
   B. 新婚夫妻不要孩子
   C. 重男轻女观念影响
   D. 重女轻男观念影响
2. 下面哪种说法是错误的？（　　）
   A. 50岁到60岁的男女比例接近1比1
   B. 50岁以下的女性人口比男性多得多
   C. 6月的出生率比4月份降低了0.4‰
   D. 近几年台湾男女比例达到了110比100
3. 专家认为对男女比例平衡发展不利的因素是什么？（　　）
   A. 新生儿的性别比例很不平衡
   B. 男性与女性比例正逐渐变大
   C. 男宝宝比女宝宝多1万多人
   D. 用医学技术筛选胎儿的性别

（十）写作

从下面两组词语中任选一组，选择其中的 8~10 个词语写一篇与所学课文内容有关的作文，字数在 200 字左右。

1. 经济　发达　犯愁　改变　限制　提不起　如何　不再　够　应有尽有　腻　贫穷　繁荣　搭配　撑
2. 角度　解决　换　急忙　不由得　往往　在于　矛盾　爆发　不安　有利　因素　不利　也许　珍惜

文化小贴士 Proverbs

不经历风雨，怎么见彩虹？

Bù jīnglì fēngyǔ, zěnme jiàn cǎihóng?

One cannot see the rainbow without experiencing the rain.

本课听说生词

New words in listening exercises

懂事	断	树林	来不及	硬	露	画家	眼看
火	奔忙	就业	部门	从事	人才	存在	眼皮
警惕	各自	聚	烦	无法	俗话	担忧	

第五十八课　只要工夫深

重点词语与句型：

1. 无论……都……

这句话无论用于学习、工作还是用于生活都十分合适。

2. 称……为……

人们称他为“诗仙”。

3. 沿

他沿着小路来到了一条小河边。

4. 哪怕

哪怕磨上十年，这小铁棍也不可能变成绣花针。

5. 可见

由此可见

6. 无比

房子前面有一块坚硬无比的大石头。

7. 和……过不去

你怎么总是和我过不去呀？

8. 通过

通过这两个故事，……

9. 即使……也……

即使困难再大，我们也能战胜它。

功能项目：

人生哲理

一、课　文

俗话说："只要工夫深，铁杵磨成针。"这句话无论用于学习、工作还是用于生活都十分合适。人生的过程就像是爬山，每个人都在努力地往上攀登，可是真正到达山顶的却很少。原因只有一个，那就是，遇到困难就后退，不能坚持到底。

李白是中国历史上一位非常著名的诗人，他创作了无数作品，人们称他为"诗仙"。传说，李白小的时候是个不爱学习、非常调皮的孩子，常常逃学到外边去玩儿。有一天，他沿着小路来到了一条小河边，看见一位老奶奶正在一块大石头上磨东西，于是他便好奇地问道："老奶奶，您在磨什么呢？"老奶奶回答道："我的女儿要绣花，我在给她磨绣花针呢。"

李白走到老奶奶的面前仔细看了一下儿，果然，老奶奶的手里拿着一根像手指一样粗的小铁棍。他心想，哪怕磨上十年，这小铁棍也不可能变成绣花针，所以又问：“老奶奶，这么粗的铁棍，您什么时候才能磨成又尖又细的绣花针呢？”老奶奶和蔼地说：“只要我每天坚持，就一定能把它磨成绣花针。”

听完老奶奶的话，李白惭愧地低下了头，红着脸跟老奶奶说：“谢谢您，老奶奶。”说完便很快地跑回去了。打那以后，他改变了逃学的坏习惯，刻苦努力，认真读书，终于成为一位伟大的诗人。由此可见，想要获得成功，就必须要有毅力。

我还记得，小时候曾学过这样一篇课文。从前，有一所大房子，房子前面有一块坚硬无比的大石头。有一天，下了一阵雷雨，大雨过后，屋角上滴下了一滴滴的雨水。雨水打在了石头上，石头不大高兴地对落下的雨水说：“你怎么总是和我过不去呀？别再往下滴了，你以为你能把我滴穿吗？”水滴回答：“我一定会的，但不是今天。”石头听了哈哈大笑，“就凭你？”水滴不再说话，但还是缓缓地滴着。一年又一年过去了，一转眼，一百年过去了，终于有一天，石头被滴穿了。水滴坚持了一百年，终于战胜了石头。

通过这两个故事，我们懂得了：只要我们不断地努力，即使困难再大，我们也能战胜它，取得最后的胜利。

二、生词

1. 铁	n.	tiě	ferrum (Fe), iron; arms	乙
2. 杵	n.	chǔ	stick, club	丙
3. 磨	v.	mó	grind, rub sharpen	乙
4. 无论	conj.	wúlùn	no matter what	乙
5. 人生	n.	rénshēng	life, human life	丁
6. 过程	n.	guòchéng	course of events, process	乙
7. 攀登	v.	pāndēng	climb	丙
8. 后退	v.	hòutuì	draw back, fall back	丙
9. 诗人	n.	shīrén	poet	丙
10. 创作	v./ n.	chuàngzuò	create, produce, write composing	乙
11. 无数	adj.	wúshù	innumerable, countless	乙
12. 传说	v./ n.	chuánshuō	it is said; legend, tradition,	丙
13. 逃	v.	táo	run away from	乙
14. 沿	prep./ n.	yán	along (river, road) with; edge	乙
15. 便	adv.	biàn	then, in that case	乙
16. 绣	v./ n.	xiù	embroider; embroidery	丙
17. 哪怕	conj.	nǎpà	even, no matter how	乙
18. 棍	n.	gùn	stick, club, rob	丙
19. 和蔼	adj.	hé'ǎi	kindly, amiable	丁

20. 惭愧	adj.	cánkuì	ashamed	丙
21. 可见	conj.	kějiàn	it is thus obvious that	丙
22. 毅力	n.	yìlì	willpower, will	丙
23. 坚硬	v.	jiānyìng	hard, solid	丙
24. 无比	v.	wúbǐ	be incomparable, be peerless	丙
25. 角	n.	jiǎo	corner	乙
26. 滴	v./ m.(n.)	dī	drip; drop *(used with dripping liquid)*	丙
27. 落	v.	luò	fall, drop, go down	乙
28. 缓缓		huǎnhuan	slowly	
29. 转眼	v.	zhuǎnyǎn	in the twinkling of an eye	
30. 战胜	v.	zhànshèng	defeat, overcome	乙
31. 即使	conj.	jíshǐ	even if, even though	丙

专名

1. 李白	Lǐ Bái	most widely celebrated poet of China in Tang Dynasty
2. 诗仙	Shīxiān	immortal poet

本课新字

磨 攀 毅 逃 沿 绣 棍 蔼 惭 愧

滴 缓 战

三、注 释

只要工夫深，铁杵磨成针

Constant grinding can turn an iron rod into a needle

意思是只要肯下苦功，再困难的事也能做成。

It means that nothing is too difficult if one puts his heart into it.

四、重点词语与句型

（一）无论……都……　no matter wh-,…

表示不管在什么条件下，情况都一样。“无论”用在复句的前一个分句中，后一分句常有“都”、“也”与之配合使用。当两个分句的主语不一样时，“无论”放在句首；当两个分句的主语一样时，“无论”放在主语后边。用法同“不论……都……”。如：

It means that the situation is the same under any conditions. 无论 is used in the former clause of a composite sentence, often combining with 都 or 也 in the back clause. When the subjects of two clauses are not the same, 无论 is put at the beginning of the sentence; if they are the same, 无论 is put after the subject. Its usage is the same as the expression “不论……都……”. For example:

（1）无论他说什么，我都不相信。

（2）她无论多忙，每天都要学一个小时汉语。

（二）称……为……　call sb. / sth. as

意思是“把……叫做……”。如：

It means “to call sb./sth. as…”. For example:

(1) 这些孩子都称她为“妈妈”。

(2) 我们都称他为“中国通”。

(三) 沿 along

[介] 表示经过的路线。

[prep.] It indicates the route one passes by.

1. 后面的名词短语比较长或者是具有抽象意义的词语时，一般加“着”。如：

When it is followed by a long noun phrase or an abstract phrase, the word 着 is usually added to it. For example:

(1) 沿着学校门口的这条河一直往前走，就是广场。

(2) 我每天早上都要沿操场跑两圈。

(3) 科学沿着一定的规律发展。

2. 跟单音节名词组合，指处所。如：

It combines with a single-syllable word, indicating location. For example:

(1) 沿路有不少商店，我们进去逛逛吧。

(2) 沿河一带风景如画。

注意：“顺”作为介词时，也表示经过的路线，但“顺”不能用于抽象意义的途径。如：

Note: When 顺 is an preposition, it also indicates the passing route, but not the abstract one. For example:

沿着改革的方向前进。

*顺着改革的方向前进。

(四) 哪怕 even, even if

[连] 表示让步关系。与“即使”、“就算”等类似。后边常常用“都”、“也”、“还”等呼应。多用于口语。

[conj.] It indicates the concession, which is similar to 即使，就算 and so on. It is often followed by 都，也，还, etc., mainly used in spoken Chinese.

1. 用于第一分句，引出说话人认为是达到了某种极限的情况。如：

When it is used in the first clause, it indicates that the speaker thinks it reaches the limit of something. For example:

（1）哪怕你躲到天边，我也能找到你。

（2）哪怕上刀山下火海，我也愿意帮你去做。

2. 用于第二分句，强调第一分句的意思。如：

Used in the second clause, it emphasizes the meaning of the first clause. For example:

（1）我一定要见你一面，哪怕一分钟也行。

（2）我得把作业做完，哪怕一晚上不睡。

（五）可见 It is obvious that

［连］意思是“从……可以看出”。用于句子的开头，引出根据上文的现象或事实所做出的判断或结论。可以连接分句、句子和语段。“可见”也可以说成“由此可见”。如：

[conj.] It means that it can be seen from something. The phrase 可见 is used at the beginning of a sentence, introducing the judgement or conclusion drawn according to the former-mentioned phenomenon or fact. It can connect clauses, sentences or paragraphs. The phrase 可见 can be replaced by 由此可见. For example:

（1）房间里都是灰，可见很久没人住了。

（2）连续几个星期，这个歌手的 CD 都没卖出去，由此可见大家不喜欢他的歌。

（六）无比 be incomparable

［动］表示没有别的能够相比的（多用于好的方面）。如：

[v.] It indicates that something is incomparable, which mainly modifies something good. For example:

(1) 你知道吗？你们单位小李中了500万大奖，他可真是无比幸运。

(2) 他一个人打跑了5个坏人，真是英勇无比。

(七) 和……过不去　trouble sb. / sth.

表示和别人为难，和别人作对。也可以说"跟……过不去"。如：

It means to trouble or be against sb. It can be replaced by "跟……过不去". For example:

(1) 他经常和我过不去。我说东，他就要说西。我让他往东，他却要往西。

(2) 你就不要跟他过不去了，别再让他唱了。

(八) 通过　by, through

1. [介] 表示以人或事物为媒介达到一定的目的。如：

[prep.] It indicates that by the means of sb. or sth., a certain aim is achieved. For example:

(1) 通过这件事，让我更清楚地认识到他是一个什么样的人。

(2) 通过这次比赛，我们选出了很多不错的演员。

2. [动] 表示从一端到另一端，或者得到了别人的同意。如：

[v.] It means to pass from one end to another, or something is approved by somebody. For example:

(1) 我们坐的火车已经通过了南京长江大桥。

(2) 这个提议很难让大家都通过。

(九) 即使……也……　even, even though

表示假设的让步。前一分句提出假设，后一分句得出由假设而得到的结论。"即使"可以用在复句的前一个分句的主语前，也可以用在主语后。如：

It indicates the concession of a hypothesis. The hypothesis is proposed in the first clause, and the conclusion is drawn in the second clause. The phrase 即使 can be used either before or after the subject of the first clause. For example:

（1）即使我同意你去，别人也会反对的。

（2）即使只剩我一个人，我也要坚持下去。

五、练 习

（一）朗读短语

无论如何	无论怎样	美丽无比	幸福无比	无比高兴
不大漂亮	不大认真	懂得道理	懂得意思	文学创作
创作歌曲	搞创作	坚强的毅力	战胜困难	战胜病痛
取得成功	取得好成绩	很惭愧	惭愧万分	水滴石穿
和老师过不去	和钱过不去	和蔼可亲	无数困难	死伤无数

（二）选词填空

过程　无论　通过　即使　曾　沿　惭愧　可见　滴　转眼

1. 一______，她已经变成了大姑娘了。
2. ______ 这一段痛苦的经历，我学到了很多。
3. 照片上的这个人我好像______ 在哪儿见过。
4. ______他怎么努力，都不能让他女朋友高兴起来。
5. ______你不说，我也会帮你的。
6. 小心点儿，油都______到身上了。
7. 到了一个新的地方要有一个适应的______ 。
8. 看到这么小的孩子都知道给老人让座，而我却没让，我感到很______。
9. 他这么长时间都没给你来电话，______他已经把你给忘了。
10. ______着这条小路往上爬，很快就能到达山顶。

(三) 根据课文回答问题

1. 李白小时候学习怎么样?
2. 那个老奶奶在做什么?
3. 遇见老奶奶以后，李白学习怎么样?
4. 那块石头为什么不高兴?
5. 那块石头为什么又哈哈大笑?
6. 最后那块石头怎么样了?
7. 这篇课文告诉我们一个什么道理?

(四) 用所给词语改写句子

1. 我们可以用熊猫来形容小孩子。(用于)

____

2. 他以前学习不努力，上一次没考好，从此他就努力学习了。(打那以后)

____

3. 这一次教学经历让我获得了很多书上学不到的知识。(通过)

____

4. 这件事你不说，我也知道。(哪怕)

____

5. 昨天的排球比赛，中国队赢了，美国队输了。(战胜)

____

6. 你做任何事，我都不会反对的。(无论……都……)

____

(五) 连词成句

1. 人 的 真正 却 山顶 很 到达 少 可是

____

2. 学　这样　篇　小时候　过　一　曾　文章

____

3. 她　一　无比　的　坚强　女孩　是　个

____

4. 要　必须　有　成功　想　毅力　获得

____

5. 懂得　这　我　一　通过　事　了　个　件　道理

____

6. 不　总是　你　过　去　要　和　他　不

____

（六）用所给词语完成句子

1. ______________，可是留下来的却很少。（创作）
2. ______________，我一看果然是这样的。（传说）
3. ______________，他才获得成功。（无数）
4. ______________，我也能猜到这个结果。（即使）
5. ______________，你为什么要这么做？（和……过不去）
6. 你能不能把你的湿衣服拿到别的地方晒呀，______________ ______________。（滴）
7. 树叶很快就要变黄了，______________。（可见）
8. ______________，我学了两年还不如一个只学了几个月的人。（惭愧）

（七）改错句

1. 路上车多，注意安全，缓缓开。

____

2. 这是我创造的歌曲，你听听看，怎么样？

____

3. 那个小姑娘笑得很和蔼，让人见了就喜欢。

____

4. 传说明天要下雨，看样子真的要下雨了。

____

5. 这件衣服穿在你身上也很适用。

____

6. 即使你不去，我也还去。

____

7. 打毕业我们就再也没见过面。

____

8. 无论你做，我都不做。

____

（八）综合填空

李白是中国文学史______最有名的诗人之一。李白出生______中亚的一个小城市，四五岁的时候跟______家人搬到了四川。______说李白小的时候很聪明，五岁就读了不少的书，十五岁已经可以写文章了。二十多岁的李白离______了四川，去______地旅行。他先后到过金陵（当时的南京）、泰山等地。可以说他走______了全国各地。在旅行的______程中，他写了无数______诗歌作品，因此，变______十分有名。当时的皇帝也知道了他，就______他叫到都城长安，______把他留在自己身边写诗。可李白不愿意______这样的日子，于是，他离开了长安，继______旅行。

（九）选择最合适的词语

蜜蜂不会说话，它们发___1___的声音也不是语言，因为它们___2___

听不见声音。那么，蜜蜂是___3___告诉别的蜜蜂花开的消息的呢？

科学家们___4___：蜜蜂会“跳舞”，它们就是用“跳舞”这种方式来告诉大家消息的。蜜蜂“跳舞”可以___5___离花有多远。如果它先往右飞一个圆圈，再往左飞一个圆圈，这就是说，离它们不远的一百米就有食物；___6___它先飞半圈，然后摆着尾巴一直飞，一会儿再换个方向飞半圈，就___7___食物在一百米以外。如果蜜蜂每分钟转18圈，就是说一公里外可以找到食物。

___8___，蜜蜂还有很多别的特点。现在，科学家们已经___9___它的这些特点来为人服务。

1. A. 起来	B. 上来	C. 出来	D. 进来
2. A. 并	B. 也	C. 根本	D. 一点
3. A. 哪儿	B. 什么	C. 哪里	D. 如何
4. A. 发现	B. 发展	C. 找到	D. 发明
5. A. 告诉	B. 知道	C. 表示	D. 得知
6. A. 要是	B. 就算	C. 即使	D. 就是
7. A. 明白	B. 说明	C. 说出	D. 清楚
8. A. 同时	B. 那时	C. 当然	D. 一时
9. A. 让	B. 叫	C. 利用	D. 使用

（十）阅读理解

有一天，我到公司楼下买烟，结果店里没有我平时抽的那种烟了，没办法，我只好换了包好烟，因为它的味道和我平时抽的那种有点像。

中午吃完饭，我给了老板一支。老板笑了笑：“怎么？是不是提醒我应该给你加工资了？”

给部门经理一支，经理也笑了笑：“你朋友进咱们公司工作的事还要再考虑一下，别着急！”

给同事小王一支，小王笑笑：“说，找我有什么事？”

给看门的师傅一支，他笑笑，说：“你放心吧，你周末用公司电脑的事我是不会说出去的！”

给了邻居一支，他还是笑笑：“没事，你再打牌输多少钱我也不会告诉你老婆的！”

回到家里，老婆看见我放在桌上的烟，笑笑说：“提前发工资了吧？快点儿，把钱都给我拿出来！”

根据文章判断正误

1. 我不喜欢现在抽的烟，于是，我换了一种。（　　）
2. 老板认为我想让他给我加工资。（　　）
3. 最近，我请经理把朋友安排进公司工作。（　　）
4. 同事小王是个热心人，总是想帮助别人。（　　）
5. 邻居知道我打牌经常赢钱。（　　）
6. 老婆知道我加工资了。（　　）

根据短文回答问题

这篇文章想要告诉我们什么？

文化小贴士 Proverbs

冰冻三尺，非一日之寒。

Bīng dòng sān chǐ, fēi yí rì zhī hán.

Ice freezes deeply not in a day (Rome wasn't built in a day).

水滴石穿

shuǐ dī shí chuān

Dripping water can wear through a stone.

本课听说生词

New words in listening exercises

婆婆	影子	照相馆	音像	迁	墓地	埋
糖尿病	饮食	积累	劳动	双方	购买	批
表明	歌曲	彼	热度	瑜伽	健美操	心脏
心脏病						

第五十九课　外国人在中国

重点词语：

1. 打交道

　他已经和武术打了二十多年的交道了。

2. 恨不得

　我恨不得能马上到中国学习武术。

3. 再三

　在我的再三请求下，父母才答应。

4. 幸亏

　幸亏有了这段生活……

5. 似的

　朋友们都开玩笑似的称他为“武术高手”。

6. 倒（是）

　不过“天歌”倒是很合适。

7. 简直

　我简直不敢相信自己的眼睛。

8. 宁可

　我宁可不吃饭不睡觉，每天也至少要……

功能项目：

外国人在中国的生活状况

一、课 文

虽然外国人来中国的原因各种各样，但是他们对中国的感情却是差不多的。下面我们就来看看两个普通外国留学生的中国情。

来自加蓬的“武术高手”

1984年，14岁的本扎怀着“会飞”的梦想从加蓬来到中国，至今，他已经和武术打了二十多年的交道了。

“我从9岁起就开始看李小龙的功夫电影，我太喜欢他了。当时觉得每个中国人都跟他一样可以在天上飞。那时我恨不得能马上到中国学习武术，可是父母怎么都不同意，在我的再三请求下，父母才答应。可是，等我到了中国才发现，这里并没有真正会飞的人，电影中的镜头只是特技。当时我真是失望极了。”

不过，本扎并没有因此放弃梦想，他来到河南少林寺学习武术。“那段时间很辛苦，每天早晨6点就得起床练功，饭菜也是跟和尚们一样，不是稀饭就是馒头。”本扎笑着说，“但是，我过得很充实，幸亏有了这段生活，它让我在经历痛苦的过程中发现了自己的潜力，也渐渐明白了武术中最重要的是武术道德”。

从少林寺回来的本扎又到北京继续学习武术。现在朋友们都开玩笑似的称他为“武术高手”。谈起武术的好处，本扎便滔滔不绝：“武术不仅可以强身健体，还可以让人变得坚强。同时，武术还是促进各国文化交流的好方式。我希望中国武术可以传播到世界各地。”

喜欢书法的澳洲小伙子

白白的皮肤，大大的眼睛，在外貌上陈天歌是个地地道道的外国人，可这个澳大利亚大男孩儿有着深厚的中国情结。谈起自己的中文名字，天歌说这其中有半个误会。因为给他起这个名字的人错误地认为“陈”是中国的第一大姓，不过“天歌”倒是很合适，因为他天天唱歌。

“我爱中国！这里有太多的历史、太多的文化值得我慢慢体会。”天歌说他迷上书法也是这个原因。“第一次看见书法作品的时候我简直不敢相信自己的眼睛！小小的毛笔竟然能写出那么漂亮的字。后来我才知道原来这些字的后面还藏着更深的意义。书法中有那么多的中国文化，我觉得太奇妙了！”

刚开始学习书法时，天歌也碰到过很多有意思的事。“因为是左撇子，所以我写字习惯用左手。一天，我在公园里练字，一位老大爷就走过来跟我说：‘小伙子，写中国字应该用右手。' 随即就把我左手里的笔拔出来放在我的右手上。"

天歌现在已经回到了澳大利亚，但是对书法的学习他却一点儿也没放松。"我宁可不吃饭不睡觉，每天至少也要练三四个小时书法。"

二、生词

1. 怀	v./ n.	huái	cherish, mind, miss; bosom	丙
2. 梦想	n./ v.	mèngxiǎng	dream; dream of, hope for	丙
3. 打交道	v.o.	dǎ jiāodao	make contact with	丙
4. 恨不得	v.(c.)	hènbude	one wishes one could	丙
5. 再三	adv.	zàisān	repeatedly	丙
6. 请求	n./ v.	qǐngqiú	application, request; ask, apply	乙
7. 镜头	n.	jìngtóu	scene, frame, camera lens	丁
8. 特技	n.	tèjì	special effects, stunt	
9. 练	v.	liàn	practice, drill	乙

10. 和尚	n.	héshang	Buddhist monk	丁
11. 充实	adj./ v.	chōngshí	rich, abundant, substantial; flesh sth. out	丙
12. 幸亏	adv.	xìngkuī	fortunately	丙
13. 潜力	n.	qiánlì	potential	丁
14. 道德	n./adj.	dàodé	morality; morals	乙
15. 似的	particle	shìde	as if, as though	丙
16. 高手	n.	gāoshǒu	proficient, master hand	
17. 滔滔不绝		tāotāo bùjué	talk on and on in a flow of eloquence	丁
18. 强身健体		qiáng shēn jiàn tǐ	build up one's body	
19. 促进	v.	cùjìn	promote, advance	乙
20. 传播	v.	chuánbō	spread, propagate	乙
21. 皮肤	n.	pífū	skin	乙
22. 外貌	n.	wàimào	looks, appearance	
23. 深厚	adj.	shēnhòu	deep, profound	乙
24. 认为	v.	rènwéi	think	甲
25. 倒	adv.	dào	but, on the contrary	乙
26. 奇妙	adj.	qímiào	wonderful, marvelous	丁
27. 左撇子		zuǒpiězi	left-hander	
28. 随即	adv.	suíjí	immediatly, presently	丙
29. 宁可	conj.	nìngkě	(would) rather, prefer to	丙
30. 至少	adv.	zhìshǎo	at least	乙

专名

1. 加蓬	Jiāpéng	Gabon
2. 本扎	Běnzhā	*name of a person*
3. 河南	Hénán	Henan (province)
4. 少林寺	Shàolín Sì	Shaolin temple
5. 澳大利亚	Àodàlìyà	Australia
6. 陈天歌	Chén Tiāngē	*name of a person*

本课新字

尚 潜 德 滔 促 肤 妙 撇

三、重点词语

(一) 打交道 contact with

表示和别人来往、交际、有联系。经常说“和(/跟)……打交道”。多用于口语。如:

It means to contact with someone. It is often said as 和(/跟)……打交道, which is mainly used in spoken Chinese. For example:

(1) 这个人很难打交道。

(2) 他每天都和猪打交道,养猪的经验很丰富。

(3) 我没和他打过交道。

（二）恨不得　be eager to

［动补］表示急切地盼望做成某事（多用于实际做不到的事），也说“恨不能”、“巴不得”。必须带动词作宾语。

[v.c.] It means that one is eager to do sth. (often referring to sth. cannot be done actually). It can be replaced as 恨不能 or 巴不得. It must be followed by a verb as an object.

“恨不得”和动词宾语之间常用“马上”、“立刻”、“赶快”、“都”、“就”等副词或带“一”的动量词。如：

The adverbs such as 马上, 立刻, 赶快, 都, 就, etc. or measurement verbs with 一 are often used in between the expression 恨不得 and the verb or object. For example:

（1）我恨不得马上就能见到他。

（2）他恨不得一口气把这些东西吃光。

（三）再三　time and again

［副］表示一次又一次地，多次。是一种强调的说法。

[adv.] It means time and again, many times, which is a type of emphasis.

1. 用在动词的前面。动词多与说话有关。如：

It is used before a verb. The verb is often concerning with speak. For example:

（1）来中国前，妈妈再三告诉我要注意安全。

（2）离开中国的时候，学生们再三向老师表示感谢。

2. 用在“思考”、“考虑”等动词后。如：

It is used after the verbs of 思考，考虑, etc.. For example:

（1）他思考再三，作出了最后的决定。

（2）我考虑再三，还是决定到中国学习汉语。

（四）幸亏　fortunately, luckly

[副]由于某种有利条件，避免了某种不好的或不希望发生的后果。多用于主语前。

[adv.] Because of some advantages, something bad or not expected is avoided. It is mainly used before a subject.

1. 幸亏……，才……

（1）幸亏我们走了这条路，才遇到了你们。

（2）幸亏他及时发现问题，才没有出现危险。

2. 幸亏……，不然（/要不/否则）……

“不然（/要不/否则）”引出不好的或不希望发生的后果。如：

The expression “不然（/要不/否则）”(otherwise) elicits something bad or not expected to happen. For example:

（1）幸亏你带伞了，不然肯定会被淋湿的。

（2）幸亏你没去，否则你也会被他批评的。

（五）似的　Likely

1. [助] 表示跟某人、某物或某种情况相似。如：

[particle] It indicates to be similar to someone, something or some certain situations. For example:

（1）夕阳像血似的那么红。

（2）你画得真好，那只鸟好像要从纸上飞走似的。

2. [助] 用在“动词+得+什么+似的”中，表示程度高。如：

[particle] It is used in the structure “动词+得+什么+似的”, indicating the high degree. For example:

（1）你看他高兴得什么似的。

（2）那天他被气得什么似的。

（六）倒 unexpectedly, but, on the contrary

1. [副] 表示出乎意料，没有想到。如：

[adv.] It means out of expectation, unexpected. For example:

（1）已经春天了，怎么倒冷起来了。

（2）有这样的人？我倒要认识认识。

2. [副] 表示转折，跟一般情况相反。意思是“却”。如：

[adv.] It expresses a transition, opposite to normal situations, meaning 却 (but). For example:

（1）你说得倒容易，做起来可就难了！

（2）屋子不算大，东西倒不少。

3. [副] 表示让步，先用“倒”肯定，再说其他的方面。

[adv.] It expresses a concession. First, an affirmation is expressed by 倒, then some other aspects are also mentioned.

（1）质量倒不错，就是旧了点儿。

（2）人倒是很漂亮，可是脾气大了点儿。

4. [副] 表示舒缓语气。

[adv.] It expresses the relaxed tone.

（1）多花钱少受罪，倒也值得。

（2）咱俩结伴出去旅游，那倒是不错。

（七）简直 nearly or almost

[副] 强调完全如此或差不多如此，含有夸张语气。如：

[adv.] It emphasizes that something is almost or completely that, with exaggerative tone. For example:

（1）他的汉语说得简直跟中国人一样。

（2）天热得简直让人无法忍受。

（八）宁可　rather, prefer to

［连］表示比较两方面的利害得失后，引出选取的一方面。经常和“也不”、“决不”、“也要”等相呼应。如：

[conj.] After comparing the advantages and disadvantages of something, the selected aspect is elicited. It is used after the subject and often combined with 也不, 决不, 也要, etc. . For example:

（1）我宁可不吃饭不睡觉，也要完成老师布置的作业。

（2）宁可我们早一点儿到，也不能让客人等我们。

（3）最近肉太贵了，我宁可天天吃蔬菜。

四、练　习

（一）朗读短语

中国情	母子情	师生情	怀着梦想	怀着希望	实现梦想

和别人打交道	和警察打交道	放弃理想	放弃机会	从不放弃
很有潜力	潜力很大	促进合作	促进发展	接受请求
请求帮助	道德规范	职业道德	文化传播	传播很广
基础深厚	深厚的感情	深厚的友谊	很有意义	意义深远
奇妙的汉字	奇妙的组合	至少三天	至少五个	皮肤白净

（二）选词填空

恨不得　倒　幸亏　随即　再三　促进　至少　梦想　镜头　奇妙

1. 我们两个学校的同学要经常在一起讨论讨论，________学校之间的交流。

2. 大自然是多么________啊！

3. 我太想家了，我________能马上飞回家去。
4. 他考虑________，终于答应了我的请求。
5. 照相的时候不要看别的地方，看________。
6. 只要我们努力，总有一天我们的________会实现的。
7. ________你来得早，不然好吃的都被他吃光了。
8. 时间这么紧，他________一点儿也不着急。
9. 你今天不去上课，________也应该告诉老师一声。
10. 说完这句话，他________骑上车就走了。

（三）根据课文回答问题

1. 本扎学了多长时间的武术？
2. 本扎为什么喜欢中国武术？
3. 本扎知道并没有真正会飞的人后，他的心情怎么样？
4. 本扎觉得中国武术有什么好处？
5. 陈天歌为什么姓陈？
6. 陈天歌为什么喜欢中国的书法？
7. 在陈天歌学习书法的过程中发生了哪些有意思的事？
8. 现在陈天歌还在学习书法吗？

（四）使用画线词语模仿造句

1. 这儿的冬天太冷了，我真恨不得春天马上就到。

____________________，____________________。

2. 小偷从来都怕和警察打交道。

____。

3. 我宁可不结婚，也不愿意和他生活在一起。

____________________，____________________。

4. 幸亏你帮我，不然我一个人真拿不了这些东西。

____。

5. 真没办法，让他学习就好像要杀了他似的。

____。

6. 这件事你不说我倒忘记了。

____。

（五）用所给词语完成句子

1. 我说他的汉语怎么说得这么好呢，原来________________________
____________________。（和……打交道）
2. 他工作很忙，_____________________。（简直）
3. ______________________，不然全身都要被淋湿了。（幸亏）
4. ______________________，我们的汉语老师就要到美国教书去了。（传播）
5. 我们认识很多年了，______________________。（深厚）
6. 这本书非常好，______________________。（意义）
7. 老师走进教室，______________________。（随即）
8. 期末考试前，______________________。（再三）

（六）连词成句

1. 他　可　个　是　外国人　地道　的

____

2. 答应　请求　在　他　再三　的　下　我　了　终于

____

3. 从小　喜欢　我　数学　交道　就　不　和　打

____

4. 后　无数　他　成功　终于　痛苦　的　过　经历　了

____

5. 每天　觉　应该　五　睡　小时　的　你　至少　个

____

6. 对　一点儿　他　也　汉语　放松　没　学习

____

（七）改错句

1. 我和她的爱情很深厚，做什么事情都会为对方考虑的。

____

2. 宁可我让别人吃亏，自己也不能吃亏。

____

3. 你幸亏做了这件事，别人做就做不好了。

____

4. 你有什么理由，倒我想听听呢。

____

5. 他这个人对人不热情，我从来不喜欢打交道他。

____

6. 你等我 5 分钟，我顿时就去。

____

（八）综合填空

古时候，有一个________公明仪的音乐家，琴弹得特别好。有一天，他带________琴出去玩儿，来到了一________小河边，看________一头牛正在河边低着头吃草。远处的山水美丽________了，这美丽的景色________他十分陶醉，于是，他就对着吃草的牛弹________琴来。琴声优美动听，让人感动，可是那头牛________是没有听见琴声一样，还是低着头吃它的草。公明仪非常生气，________着牛大喊："喂，你怎么不听呀？"这时，________边一个路过的人________公明仪说："不是你琴弹得不好听，而是这牛________本就听不懂你弹的音乐啊！"

"对牛弹琴"就是________这个故事来的。后来，人们就________这个成语来形容对不懂道理的人讲道理。

（九）阅读理解

见到李明爱是在北京潘家园一家专门卖旧书的店里。当时她正认真地翻看着一本书。“我喜欢到这里来淘（táo seek）些老东西，更喜欢老板跟我讲这些东西背后的故事。”李明爱笑着说，“这些故事都很有趣，而且使我对中国文化的认识又近了一步。”

来自韩国的李明爱是北京一所高校里的研究生。她说：“在中国读了好几年书，我都没来过这里。后来还是要陪一位来中国旅游的朋友才过来的，可是没想到一下子就喜欢上了。”

现在的李明爱每周都要来潘家园一两次，成了很多摊主的熟客。

“我的家里摆着很多我从这里淘到的东西。我最喜欢的是花500元淘到的瓷瓶。”李明爱说。500元的价格让我不禁怀疑她买到的瓷瓶是个假货，可是刚开口就被李明爱打断了：“在这行里，不分真假，只有新老之分。就算是假的也叫‘看新’。我也经常买字画、紫砂壶之类的东西送给我韩国的朋友，他们也都很喜欢。东西的真假我无所谓，只要价钱合适、样子漂亮、做工好我都喜欢。”

李明爱说，一张东方人的面孔在刚开始淘宝的时候的确为她带来了不少方便。“外国人买东西时摊主会把价开得很高，但因为我长得像中国人，这方面的问题就少很多。不过偶尔还是会被看出来，我就说自己是朝鲜族的，普通话说得不好。”李明爱开心地说。

根据短文判断正误

1. 我和李明爱是在学校的图书馆认识的。（　　）
2. 李明爱很喜欢淘老东西是因为可以知道很多中国文化知识。（　　）
3. 李明爱第一次去潘家园就喜欢去那儿淘东西了。（　　）
4. 李明爱喜欢那个瓷瓶是因为它价格便宜。（　　）
5. 李明爱是朝鲜族人。（　　）

（十）写作

从下面两组词语中任选一组，其中的 8~10 个词语写一篇与所学课文内容有关的作文，字数在 200 字左右。

1. 毅力　恒心　刻苦　战胜　好比　怕　间断　无比　和……过不去　通过　即使……也……　下　无比　坚硬　偷懒
2. 和……打交道　从……起　恨不得　来自　称……为……　幸亏　倒　随即　意义　奇妙　痛苦　潜力　逐渐　领悟　梦想

文化小贴士 Proverbs

入乡随俗

rù xiāng suí sú

Do in Rome as the Romans do

本课听说生词

New words in listening exercises

秘书	应聘	招聘	的确	培养	药店	脑袋	符号
图画	决赛	败	变色龙	本领	伪装	儿童	死亡
采取	行动	预防	西方	差异	某些	隐私	融入

第六十课　丝绸之乡

重点词语：

1. 之

丝绸之乡

2. 数

其中最有名的要数蚕花娘娘的故事了。

3. 赶忙

父亲知道后就赶忙把白马杀了。

4. 不料

不料，几天后，突然刮了一阵大风。

5. 逐渐

从那以后，人们就逐渐开始养蚕生产丝绸了。

6. 经过

经过了张骞和很多人长期的努力……

7. 陆续

后来又陆续出现了有简单图案、色彩单调的丝织品。

功能项目：

中国丝绸

一、课　文

中国是丝绸的故乡。从周代开始，中国各朝各代的政府就有专门负责丝绸生产的官员，几千年来，中国的丝绸业得到了充分的发展。由于它让人们的生活变得更加美好，后人就编了很多关于丝绸的故事，其中最有名的要数蚕花娘娘的故事了。

据说四千多年前，四川有位姑娘，她的父亲在回家的路上遭到坏人抢劫。几天以后只有父亲骑的白马回来了，父亲却不见踪影。姑娘的母亲伤心极了，就说：任何人只要能将她的丈夫救回来，她就将女儿嫁给他。白马听了以后就飞快地跑了。不久，白马就把姑娘的父亲救了回来，但母亲却不再提把女儿嫁给白马的事。马儿十分伤心，它坚持要娶这位姑娘。父亲知道后就赶忙把白马杀了，还把马的皮晾在了院子里。不料，几天后，突然刮了一阵大风，马皮飞起来裹在姑娘的身上并把她带走了。没过几天，家人在一棵大树上找到了姑娘，但她已经变成了身体柔软的虫子，头像马头的形状，正在树上吐着丝。家人就把姑娘带回家养了起来。大家称姑娘为“蚕花娘娘”。这就是最早的蚕。从那以后，人们就逐渐开始养蚕生产丝绸了。

中国的养蚕技术一直保密了三千多年，传说后来罗马的皇帝派人到中国来偷学养蚕技术，这样，中国的丝绸才得以传到别的国家。但事实并不是这样的。大约在两千多年前，当时的中国皇帝派了一个名叫张骞的人去西亚联系，经过了张骞和很多人长期的努力，形成了一条通往西亚、甚至是欧洲的贸易交流之路。从此，大量的丝绸被运到了别的国家，这条路也被后人称为“丝绸之路”。

中国丝绸的种类非常丰富，图案也十分漂亮。但是，最初并不是这样的。开始，人们只能织出一些没有图案的普通丝织品；后来又陆续出现了有简单图案、色彩单调的丝织品；发展到最后出现了图案复杂、色彩丰富的丝织品。丝绸的用处很多：可以用来做衣服，用丝绸做的衣服穿上去很柔软、很舒适；也可以用丝绸来制作书画作品，用丝绸制作的书画作品十分漂亮、精致；还可以把它作为礼物，送给朋友，用丝绸做的礼物备受人们的喜爱。

到目前为止，在世界各地都可以看见丝绸的影子。丝绸不但让人们的生活变得更加美好，而且还扩大了世界各国的友好往来，为世界发展做出了巨大的贡献。

二、生　词

1. 丝绸	n.	sīchóu	silk	
2. 乡	n.	xiāng	countryside, village	乙
3. 后人	n.	hòurén	descendants	
4. 数	v.	shǔ	be listed on the top	乙
5. 据说	v.	jùshuō	it is said	乙
6. 抢劫	v.	qiǎngjié	rob, plunder, pillage	丁
7. 飞快	adj.	fēikuài	swiftly, very fast	丙
8. 娶	v.	qǔ	marry a woman	丙
9. 赶忙	adv.	gǎnmáng	hurriedly, hastily	丙
10. 不料	conj.	búliào	out of expectation	丙
11. 裹	v.	guǒ	wrap, package	丙
12. 柔软	adj.	róuruǎn	soft	丙
13. 蚕	n.	cán	silkworm	丙
14. 逐渐	adv.	zhújiàn	gradually	乙
15. 皇帝	n.	huángdì	emperor	乙
16. 得以	v.	déyǐ	so that, so as to	丁
17. 事实	n.	shìshí	fact, reality	乙
18. 长期	n.	chángqī	long-term	乙
19. 形成	v.	xíngchéng	form, become	乙
20. 贸易	n.	màoyì	commercial activity, trade	乙

21. 运	v.	yùn	carry, transport	乙
22. 图案	n.	tú'àn	pattern, design	丁
23. 丝织品	n.	sīzhīpǐn	things made of silk	
24. 陆续	adv.	lùxù	constantly, continually	乙
25. 色彩	n.	sècǎi	color	丙
26. 复杂	adj.	fùzá	complicated, complex	甲
27. 制作	v.	zhìzuò	make, manufacture	丙
28. 备	adv.	bèi	fully	丙
29. 影子	n.	yǐngzi	shadow, image	乙
30. 往来	v.	wǎnglái	contact	丙
31. 扩大	v.	kuòdà	enlarge, broaden, expand	乙

专名

1. 周代	Zhōudài	Zhou Dynasty
2. 四川	Sìchuān	Sichuan (province)
3. 蚕花娘娘	Cánhuā Niángniang	*name of the goddess*
4. 罗马	Luómǎ	Rome
5. 张骞	Zhāng Qiān	*name of a person*
6. 西亚	Xīyà	West Asian
7. 欧洲	Ōuzhōu	Europe, Europen

本课新字

绸 劫 娶 蚕 逐 皇 陆 柔

三、重点词语

(一) 之（书面语） of (written Chinese)

[助] 用于定语和中心词之间，组成偏正词组。

[particle] It is used in between the attributive and the headword, forming a phrase consisting of a modifier and the word it modifies.

1. 表示领属关系。如：

It indicates subordinating relations. For example:

(1) 以子之矛，攻子之盾。

(2) 这音乐好像天外之音一样好听。

2. 表示一般的修饰关系。如：

It indicates general modifying relations. For example:

(1) 这可是无价之宝啊！

(2) 他被称为体育之父。

(二) 数 can be listed on the top

[动] 在一个范围内，指出最突出的或程度最高的。

[v.] Within a certain scope, it points out the most outstanding one or the one with the highest degree.

1. 数+序数。如：

数 (be listed on the top) + ordinal number. For example:

(1) 要说睡觉，小刘数第一。

(2) 她的成绩，在班上不数第一，也数第二。

2. 数+名词。“数”前常要加“要”。如：

数+noun. The word 要 is often put before 数. For example:

(1) 这些动物中，我最喜欢的要数小狗了。

(2) 所有水果中，最好吃的要数西瓜了。

3. 数+小句。

数 + a short sentence.

(1) 论年龄，数我大。

(2) 要说汉语，数他说得最好。

(三) 赶忙 immediately

[副] 表示迅速行动。常用于陈述句的后一部分，强调前后两个动作之间的时间间隔很短。如：

[adv.] It means immediately, which is often used in the second part of a declarative sentence. It focuses that the time between the two actions is very short. For example:

(1) 一觉醒来，已经八点了，我赶忙爬起来。

(2) 我一回国就赶忙和以前的同学联系。

注意 Note:

(1) “赶紧”、“赶快”比“赶忙”、“连忙”更强调动作行为的急迫。

Compared with 赶忙 and 连忙, the expressions 赶紧 and 赶快 focus more on the urgency of an action.

(2) “赶紧”、“赶快”既可以用在陈述句中，又可以用在祈使句中，而“赶忙”、“连忙”只能用在陈述句中。如：

The expressions 赶紧 and 赶快 can be used both in the declarative sentences or imperative ones, while 赶忙 and 连忙 can only be used in the declarative sentences. For example:

你赶紧（赶快）起来去上课。

* 你赶忙（连忙）起来去上课。

（四）不料　out of expectation

［连］表示没想到，事先没有估计到。后边常有表示转折的副词“却”、“竟”、“倒”等。如：

[conj.] It means not expected or estimated in advance, which is often followed by transition adverbs such as 却, 竟, 倒, etc. For example:

（1）我很早就出门了，不料路上车多，耽误了不少时间，所以晚了。

（2）我以为这点儿钱够了，不料还差好几千块呢。

（3）二十年没回家了，不料家乡的变化太大了，我竟认不出来了。

（五）逐渐　gradually, slowly

［副］表示缓慢地发展变化，有“渐渐”的意思。可以加“地”，多用于书面语。

[adv.] It means that the changes take place slowly. It has the meaning of bit by bit. The word 地 can be added. It is mainly used in written Chinese.

1. 用在动词前。如：

It is used before a verb. For example:

（1）我的汉语水平逐渐提高了。

（2）我逐渐适应了这儿的生活。

注意　Note:

“逐渐”后面如果是单音节动词，动词后要加上补语。如：

If the phrase 逐渐 is followed by a single-syllable verb, a complement of result must be added after the verb. For example:

（1）雨逐渐下大了。

* 雨逐渐下了。

（2）他的个子逐渐长高了。

*他的个子逐渐长了。

2. 用在形容词前。形容词后面常常带“了”、“起来”、“下去”、“下来”等。如：

It is used before an adjective, often followed by 了, 起来, 下去, 下来, etc. For example:

(1) 教室里逐渐安静了下来。

(2) 那条街上的人逐渐多起来了。

(六) 经过　by, through, pass; course, experience

1. [介] 用来提出某个过程，表示由于这个过程的完成，促使某种情况发生变化或某种目的得以实现。意思同“通过”。如：

[prep.] It is used to mention a process, indicating that because of the completing of that process, something happened or a certain aim is achieved. It has the similar meaning of 通过 (by) . For example:

(1) 经过打扫，房间干净多了。

(2) 经过大家的帮助，他的学习有了很大的进步。

2. [动] 表示从某处通过、延续。意思同“通过”。如：

[v.] It means to go through some places, or continuation, which is similar to “通过” (go through). For example:

(1) 从北京坐火车到哈尔滨要经过天津。

(2) 经过一年多的时间，他才研究出来。

3. [名] 表示事情的过程、经历。如：

[n.] It means the process or experience of something. For example:

(1) 请你把事情的经过说一说。

(2) 这就是事情的全部经过。

注意　Note:

“经过”有表示事情的过程、经历的意思，而“通过”没有。所以，我们不说“*请你把事情的通过说一说”。

The phrase 经过 can express the process or experience of something, but 通过 can not. Therefore, we can not say that sentence 请你把事情的通过说一说.

（七）陆续　intermittently

［副］表示行为、动作先先后后、时断时续。可以加“地”。如：

[adv.] It expresses the time order or the intermittence of an action. For example:

（1）上课时间到了，同学们陆续地走进了教室。

（2）他最近陆陆续续地在报纸上发表了几篇文章。

四、练　习

（一）朗读短语

理由充分	充分理解	娶妻　娶老婆	得以通过	得以完成
尊重事实	客观事实	经过努力	经过考虑	事实的经过
形成习惯	形成力量	对外贸易	贸易公司	陆续出现
陆续回来	长期以来	长期计划	思想复杂	颜色复杂
复杂的问题	逐渐明白	逐渐认清	友好往来	没有往来

（二）选词填空

并不是　得以　数　形成　事实　之　陆续　复杂　精致　备受

1. 这件事________像你说的那样。
2. 展览会上的展览品每一件都很________。
3. 经过不断的努力，他的梦想终于________实现。
4. 他们的关系太________了，我从来都没弄清楚过。

5. 全班________他学习最努力。
6. 你也别感到惊讶，这是意料________中的事。
7. 下课以后，同学们________走出了教室。
8. 他以为别人不知道这件事，但________上大家都知道了。
9. 这本词典编得很好，________学生们的喜爱。
10. 空气中的水蒸气遇冷后就________了雨雪。

（三）根据课文回答问题

1. 从什么时候开始，中国有专门负责生产丝绸的政府官员？
2. 姑娘的父亲为什么要杀了白马？
3. 丝绸有哪些用处？
4. 丝绸对我们现在的生活有哪些影响？
5. 请你简单说说中国丝绸的发展。

（四）选择合适的位置

1. 吃了一个多月的药，他的病 A 不但 B 没好，C 更 D 严重了。（反而）
2. 你看 A 遇到这种 B 情况 C 处理 D？（如何）
3. A 春节时，B 人们 C 回到父母家 D 过年。（往往）
4. A 不吃药，病 B 慢慢 D 好 D 起来了。（倒）
5. A 我带了 B 学生证，他们 C 才让我 D 进去。（幸亏）
6. 我 A 本来打算周末去看你，B 生了场 C 病，D 躺了几天，就没去成。（不料）
7. A 日用品 B 不断地 C 被送了 D 过来。（大量的）
8. 一到 A 三四月份，B 各种各样 C 的花都 D 开放了。（陆续）

（五）用所给词语完成句子

1. ________________，可是她每次都考不好。（数）
2. 听了大家的话后，________________。（赶忙）

3. 我以为今天是个大晴天，所以没带伞，______________。　(不料)

4. ________________，才会取得好的成绩。　(形成)

5. ________________，他开始努力学习了。　(经过)

6. ________________，才能完全掌握老师上课讲的内容。　(大量)

7. 这种裙子今年夏天很流行，______________。　(备受)

8. ________________，不是一两句话就可以说清楚的。　(复杂)

(六) 选择正确的说法

1. A. 中国各朝各代的政府都有专门负责丝绸生产的官员。
   B. 中国的政府各朝各代都有负责专门生产丝绸的官员。
   C. 各朝各代的中国政府都有负责生产丝绸的专门官员。
   D. 各朝各代的中国政府都有专门负责丝绸生产的官员。　(　　)

2. A. 这是通往成功的一条幸福之路。
   B. 这是一条成功通往的幸福之路。
   C. 这是一条幸福的通往成功之路。
   D. 这是通往幸福的一条成功之路。　(　　)

3. A. 人们不懂得珍惜往往容易得到的东西。
   B. 人们容易得到的东西往往不懂得珍惜。
   C. 人们往往不懂得珍惜容易得到的东西。
   D. 往往不懂得珍惜人们容易得到的东西。　(　　)

4. A. 同学们在一起形成了一股巨大的团结力量。
   B. 团结在一起同学们形成了一股巨大的力量。
   C. 同学们在一起团结形成了一股巨大的力量。
   D. 同学们团结在一起形成了一股巨大的力量。　(　　)

5. A. 用丝绸制作出来的衣服的柔软深受人们的喜爱。
   B. 用柔软的丝绸制作出来的衣服深受人们的喜爱。
   C. 深受人们的喜爱的衣服用柔软的丝绸制作出来。
   D. 深受人们喜爱的衣服用柔软的丝绸制作出来的。　(　　)

6. A. 这件事只有你自己去告诉老师才行。
   B. 你自己只有去告诉老师这件事才行。
   C. 只有自己去告诉老师这件事你才行。
   D. 你自己只有去告诉老师这件事才行。 （　　）

（七）连词成句

1. 最　景点　要　北京　的　有名　了　长城　数

____

2. 中国　百　是　汉族　之　分　九十六　人　的

____

3. 上　他　不　并　知道　事实　件　事　这

____

4. 扩大　世界　丝绸　了　各国　往来　友好　的

____

5. 毕业　同学们　地　陆续　以后　了　中国　离开

____

6. 的　被　到　大量　运　一些　贫穷　食物　地区

____

7. 逐渐　才　后　我　理解　爸爸　到　了　妈妈　中国

____

8. 备　这样　在　礼物　我们　受　的　国家　喜爱

____

（八）改错句

1. 我已经陆续爱上汉语了。

____

2. 老师打了好几个电话找你了，你赶忙去吧。

____

3. 说好下午一起去看展览，他不料有事不能去了。

____

4. 为了这次考试，长期我做了准备，希望能拿个第一名。

____

5. 最近天气不太好，逐渐下雨了。

____

6. 要说我们班同学的年龄，我数最大。

____

（九）综合填空

丝绸的故事很有意思。大________在四千年前，中国人发________了蚕茧（cánjiǎn silkworm cocoon）的秘密（mìmi secret），但是没有人知道这一重要发现的确________时间。有一种说法是，皇帝的女儿在花园里一边喝茶一边看树上的蚕作蚕茧。突然有一个蚕茧掉________了她的茶水里，热水把蚕茧给软化了。她要________蚕茧从茶水里取出来时，蚕茧散开了。她抽出来一________长长的丝线。于________，中国人就这样学会了把蚕茧抽成丝线，后来，人们又发明了把丝线织________丝绸的技术。在之后的三千多年中，只有中国人知道如________制作丝绸。中国商人把丝绸卖到________亚洲和欧洲。丝绸曾经很贵，人们把它________为“皇帝的布”。

（十）阅读理解

中国有很多美丽的传说。有关于亲情的，有关于友情的，还有关于爱情的。在所有关于爱情的传说中，最有名的要数牛郎织女的故事了。

传说在很早以前，有个聪明、诚实的小伙子，他父母很早就去世了，只好跟着哥哥嫂子（sǎozi sister-in-law）过日子。他的嫂子对他非常不好，经常让他干很多的活儿。一年秋天，嫂子逼（bī force）他去放牛，给他九头牛，却让他等有了十头牛时才能回家。牛郎没办法，只好赶着牛出了村。

牛郎独自赶着牛进了山。来到一棵大树下，他便坐在树下伤心。这时，有个白发老人出现在他的面前，问他为什么伤心。当老人知道了牛郎的遭遇（zāoyù misforture）后，笑着对他说："别难过，在伏牛山里有一头病倒的老牛，你去好好喂养它，等老牛病好以后，你就可以赶着它回家了。

牛郎走了很远的路，终于找到了那头有病的老牛。他看到老牛病得厉害，就去给老牛弄来了吃的。喂了三天，老牛吃饱了，抬起头告诉他，自己本来是天上的神仙，因犯了天上的规矩（guīju rule）而被赶了下来，摔坏了腿，没办法走路了，自己的伤要一个月才能好。牛郎细心地照顾了老牛一个月。一个月后，老牛的病好了，牛郎高高兴兴地赶着十头牛回了家。

回家后，嫂子对他还是不好，最后还把牛郎和那头老牛赶出了家门。牛郎只好和老牛在外面生活。

一天，天上的仙女们一起到人间玩儿。牛郎在老牛的帮助下认识了美丽的仙女（xiānnǚ fairy maiden）——织女，二人相爱了，于是织女就做了牛郎的妻子。织女还把从天上带来的蚕分给大家，并教大家养蚕，抽丝，织出又光又亮的丝绸。

牛郎和织女结婚后，感情很好，生下了两个孩子，一家人过得很幸福。可是，这事很快便让天帝知道了，王母娘娘亲自下凡要把织女带回天上。牛郎很伤心。老牛告诉牛郎，在它死后，可以用它的皮做成鞋，穿着它就可以上天。牛郎按照老牛的话做了，穿上牛皮做的鞋，带着自己的儿女，一起飞上天追织女。马上就要追上了，可王母娘娘却拿下头上的金簪一划，一道天河就出现了。牛郎和织女站在天河两岸，只能相对流泪。他们的爱情感动了喜鹊（xǐquè magpie），千万只喜鹊飞来，搭成鹊桥，让牛郎织女走上鹊桥相会。王母娘娘也没办法，只好同意两人在每年七月初七在鹊桥上相会。

后来，每到农历七月初七，姑娘们就会抬头看着星空，寻找银河两边的牛郎星和织女星，希望能看到他们一年一度的相会，也希望自己能有个美满的婚姻，因此形成了"七夕节"。

根据文章回答问题

1. 牛郎是怎么得到老牛的？（　　）
2. 牛郎是怎么认识织女的？（　　）
3. 牛郎为什么会和织女分开？（　　）
4. 最后，两个人是怎么见面的？（　　）
5. 七夕节，姑娘们会做什么？（　　）

文化小贴士 Proverbs

春蚕到死丝方尽，蜡炬成灰泪始干。

Chūncán dào sǐ sī fāng jìn, làjù chéng huī lèi shǐ gān.

A spring silkworm may not stop spinning silk until death,

A candles's tears dry only when it is burned down to ashes.

本课听说生词

New words in listening exercises

方案	依靠	过时	打听	改行	首先	实验	拍照
碎	灭	密	摸	道路	战争	航线	茶叶
陶瓷	袖子	权利					

第六十一课　大熊猫

重点词语：

1. 股

　便引来了一股抢票的热潮

2. ……不已

　令他们吃惊不已

3. 根据

　根据有关部门 2006 年的调查

4. 偶尔

　偶尔才吃肉

5. 达

　长达 14 个小时

6. 因而

　因而大熊猫活动的范围不断缩小

7. 以致

　以致它们的生存面临着巨大的威胁

功能项目：

介绍一种动物

一、课　文

2005年12月，华盛顿动物园宣布，刚刚出生满100天的大熊猫“泰山”不久将第一次跟游客见面。为了避免吓到它，动物园推出了“限时”参观票，并将1.3万张免费参观票放到网上让游客预订。消息一出，便引来了一股抢票的热潮，1.3万张参观票在两个小时之内被一抢而空。虽然动物园方面早已有心理准备，但是泰山受欢迎的程度仍然令他们吃惊不已。其实，这没什么可奇怪的，作为中国人民的友好使者，大熊猫在世界各个国家都受到了普遍的欢迎。

大熊猫是中国特有的一种珍贵动物，样子比较像熊，但是头圆，尾巴比较短，除了两耳、肩膀、四条腿的毛是黑色的，其余部分都是白色的。大熊猫只分布在中国西南部的高山地区，根据有关部门2006年的调查，目前全中国共有野生大熊猫1600只左右，人工饲养的有160多只，属于国家一级保护动物。

大熊猫是一种喜欢单独居住的动物，每只大熊猫都有自己的领地。雄性大熊猫的领地通常比较大，接近30平方公里。虽然它们一般只在自己的领地内活动，但是它们之间也经常会通过声音和气味交流。小熊猫生下来以后会跟着妈妈生活，但是当它们到了一岁半左右，妈妈就会把它们赶走。不过小熊猫一般不会走得太远，就在妈妈附近住下来。

大熊猫的食物非常特殊，除了竹子几乎不吃别的，偶尔才吃肉。根据它们的这种特点，人们也把熊猫叫做“竹熊”。竹子没有什么营养，只能提供生存所需的基本营养，但是在长期的进化过程中，大熊猫的身体已经逐渐适应了这种食物的特性。除了睡觉或短距离活动，大熊猫每天吃东西的时间长达 14 个小时。一只大熊猫每天要吃 12 到 38 公斤竹子，接近其体重的 40%。一般来说，大熊猫的领地内通常至少有两种竹子。当一种竹子开花死亡时，大熊猫可以吃另一种竹子。

近些年来，由于人类活动的面积不断扩大，因而大熊猫活动的范围不断缩小，以致它们的生存面临着巨大的威胁。怎样保护大熊猫，让它们跟我们一起生活下去，是我们目前急需解决的一个问题。因为，保护动物就是保护我们人类自己。这既是我们的责任，也是我们的义务。

二、生　词

1. 动物园	n.	dòngwùyuán	zoo	乙
2. 股	m.(n.)	gǔ	string (*used to indicate a long, narrow hing; for strength, smell, etc.*)	丙
3. 热潮	n.	rècháo	great mass fervour	
4. 心理	n.	xīnlǐ	psychology, mentality	丙
5. 令	v./ n.	lìng	make, cause; command	丙
6. 使者	n.	shǐzhě	envoy, emissary	
7. 特有	adj.	tèyǒu	peculiar, characteristic	
8. 珍贵	adj.	zhēnguì	valuable, precious	丙
9. 熊	n.	xióng	bear	丁
10. 尾巴	n.	wěiba	tail, tail-like part of an object, end	乙
11. 肩膀	n.	jiānbǎng	shoulder	丁
12. 其余	pr.	qíyú	others, the rest, remainder	乙
13. 分布	v.	fēnbù	be distributed	丙
14. 根据	prep./ n.	gēnjù	according to, on the basis of; basis, foundation	乙
15. 人工	adj./ n.	réngōng	man-made; manual work, manday	乙
16. 饲养	v.	sìyǎng	raise, rear (animals)	丙
17. 雄性	n.	xióngxìng	male	

18. 领地	n.	lǐngdì	demesne, manor, possession	
19. 通常	adj.	tōngcháng	general, usual	丙
20. 偶尔	adv.	ǒu'ěr	occasionally, once in a while	丙
21. 生存	v.	shēngcún	subsist, exist, live	丙
22. 进化	v.	jìnhuà	evolve	乙
23. 达	v.	dá	reach, attain, amount to	丙
24. 其	pr.	qí	his (her, its, their); he (she, it, they)	丙
25. 人类	n.	rénlèi	human beings, human kind	乙
26. 因而	conj.	yīn'ér	therefore, as a result	乙
27. 范围	n.	fànwéi	limits, range, domain	乙
28. 缩小	v.	suōxiǎo	lessen, shrink, reduce	丙
29. 以致	conj.	yǐzhì	so as to, so that	丙
30. 威胁	v.	wēixié	threaten, menace	丙
31. 责任	n.	zérèn	duty, responsibility	乙
32. 义务	n./ adj.	yìwù	duty, obligation; volunteer	丙

专名

1. 华盛顿	Huáshèngdùn	Washington, D.C.
2. 泰山	Tài Shān	Mount Taishan (*name of a panda*)

本课新字

股	令	巴	膀	饲	扩	范	缩	威	胁

三、注　释

1.3 万张参观票在两个小时之内被一抢而空

13 thousand tickets were quickly taken within two hours

“一抢而空”的意思是马上被抢完了。

The expression 一抢而空 means that something is taken within a short period.

四、重点词语

(一) 股　string

1. ［量］可以用来形容条状的事物。如：

[m. (n.)]　It can modify something long and narrow. For example:

一股清水　一股绳子

2. ［量］可以用来形容气体、气味、力气等。如：

[m. (n.)]　It can modify gas, smell or strength. For example:

一股香味儿　一股臭气　一股浓烟　一股劲儿　一股力量

(二) ……不已　be in a mood or state for a long time

表示某种情况一直继续，程度很深，前面多为形容词或动词。如：

It means that a certain state continues and to a high level. Adjectives are usually used before it. For example:

(1) 这个好消息令大家兴奋不已。

(2) 对此他们后悔不已。

注意 Note:

它的前面多是双音节，单音节形容词或动词不可以用在它的前面。如：

Only double-syllable words are used before it. Single adjectives cannot be used before it. For example:

(1) * 这些天天气热不已。

(2) * 他们走不已

(三) 根据 according to, on the basis of; basis, foundation

[介] 表示把某种事物或动作作为前提或基础，可分为以下两种用法：

[prep.] It means that something or some actions are used as the premise. There are following two usages:

1. "根据+名词"，一般用在主语后、动词前，如果用在主语前，一般有停顿。如：

It can be used in the structure of "根据+noun". Usually it is used after a subject but before a verb. There is normally a pause if used before the subject. For example:

(1) 地图要根据实地调查情况进行修改。

(2) 这部电影是根据张爱玲的小说改编的。

(3) 根据气象台的天气预报，最近气温将会下降很多。

(4) 根据公司的规定，结婚可以请两个星期的婚假。

2. "根据（+名词+的）+动词"，一般用在主语前，有停顿。常见的搭配有：根据+调查（/统计/计算/了解）。如：

It can be used in the structure of "根据+ (noun+的)+verb", usually used before a subject. The structures "根据+调查（/统计/计算/了解）" are the normal expressions. For example:

(1) 根据调查，大多数人并不知道这一常识。

(2) 根据统计，今年来中国留学的学生数量比去年增加了20%。

(3) 根据我对他的了解，这件事情绝对不会是他做的。

注意 Note:

该结构中，动词后面不可以再加其他成分。

In this structure, the verb cannot be followed by other elememts.

[名] 表示作为论断前提或行为基础的事物。如：

[n.] It refers to something that acts as the judgment premise or the foundation of an action. For example:

(1) 你说话要有根据，不能乱说。

(2) 这个结论是有科学根据的。

(四) 偶尔 occasionally

[副] 表示有时候，次数不多，某种情况发生的频率很低，用在动词前。如：

[adv.] It means sometimes, not many times. Something seldom happens. It is used before a verb. For example:

(1) 我一般在食堂吃饭，偶尔去外面饭店改善一下。

(2) 我跟邻居都不太熟悉，偶尔在楼道里碰上了才打个招呼。

比较：“偶然”和“偶尔”

Compare: 偶然 with 偶尔

“偶然”意思侧重“意外”、“没想到”,“偶尔”意思侧重次数、数量比较少。另外，“偶然”是形容词，可以修饰动词，也可以修饰名词。而“偶尔”是副词，只可以修饰动词。如：

The phrase 偶然 focuses on accidential, unexpected, while 偶尔 foucses on the frequency, small amount. What's more, 偶然 is an adjective, which can modify a verb or a noun, but 偶尔 is an adverb, which can only modify a verb. For

example:

(1) 我偶然发现了她会抽烟。

(2) 她偶尔也会抽抽烟。

(3) 一个偶然的机会让她得到了那份工作。

(五) 达　reach, attain, amount to

"达"是达到的意思。"形容词+达+数量短语"表示某种情况达到某一数量。常出现在该结构中的形容词有：多、高、长、宽等。如

The word 达 means to reach. The structure "adj. + 达 + numberial phrase" means that a certain kind of situation develops to a certain degree. The adjectives, such as 多, 高, 长, 宽 and so on are often used in this structure. For example:

(1) 这部电影长达三个小时。

(2) 法国人一年的假期多达 150 天。

(3) 他一个月住院治疗的费用高达 30 万元。

注意　Note:

出现在该结构中的形容词多为积极意义。消极意义的形容词，如：少、小、矮、低等，不可以出现在这个结构中。如：

Most of the adjectives used in this structure are of positive meaning. Those of negative meaning such as 少, 小, 矮, 低 and so on cannot be used in this structure. For example:

* 那个城市的人口少达 2 万人。

(六) 因而　thus, as a result

[连] 表示因果关系，用于表示结果的分句的开头，前一分句有时可以用"由于"呼应，用法与"因此"相似。如：

[conj.] It refers to the relationship of cause and result. This phrase is used at the beginning of a result clause. Sometimes, the corresponding conjunction 由于 is used in the former clause. The usuage of 因而 is similar to that of 因此. For

example:

(1) 现在正在放寒假，因而办公室里一个人也没有。

(2) 他找了一个很好的大夫，因而身体恢复得很快。

(七) 以致　that, so as to

[连] 用在后一分句的开头，表示由于前面的原因而造成的结果，大多数是不好的或者说话人不希望看到的结果。如：

[conj.] It is used at the beginning of the latter clause, meaning the result caused by the former causes. Most of the results are not good or not wish to see. For example:

(1) 他们事前没有好好研究，以致做出了错误的决定。

(2) 他太紧张了，以致真正上台的时候一个字也说不出来了。

五、练　习

(一) 朗读短语

一股绳子	一股力量	一股香味	令人吃惊	令人兴奋
令他难过	惊喜不已	伤心不已	预订房间	预订机票
根据法律	根据规定	根据要求	人工湖	人工降雨
偶尔抽烟	偶尔睡懒觉	多达一百人	长达两公里	扩大范围
扩大影响	威胁别人	受到威胁	以致生活不便	以致影响工作

(二) 选词填空

至少　通常　令　股　根据　偶尔　推出　因而　以致　其

1. 门外吹进来一_______冷风。

2. 火车_______不会晚点。

3. ______合同，如果不能准时交出产品，他们会被罚一大笔钱。
4. 今年春节，教育台______了一个新节目。
5. 广州我______去过五回了。
6. 很多人不吃早饭，______理由就是“不饿”。
7. 他一般在学校的食堂吃饭，______回家自己做。
8. 要忙的事情太多，______吃饭的时间都没有。
9. 这件事情______他伤心了很多天。
10. 这儿环境非常好，周围非常安静，______住在这儿使人感到很舒服。

（三）比较选择

1. 这是我家乡______的一种茶。（特有　特别）
2. 他们学校的篮球比赛很______，每个队都有男有女。（特有　特别）
3. ______社会已经发展了几千年 。（人类　人们）
4. ______都说，春雨贵如油。（人类　人们）
5. 我有几句______话想对你说 。（心里　心理）
6. 他虽然不说，但我们都知道他的______压力很大。（心里　心理）
7. 我平常很少喝酒，只在过年过节的时候______喝一点儿。（偶然　偶尔）
8. 一次______的机会，他认识了大发公司的张经理。（偶然　偶尔）

（四）根据课文回答问题

1. “泰山”是什么时候出生的？
2. 为什么“泰山”那么受欢迎？
3. 大熊猫长得什么样子？
4. 目前全世界一共有多少只大熊猫？
5. 大熊猫的主要食物是什么？
6. 大熊猫面临什么样的生存威胁？
7. 请你说一说，为什么说“保护动物就是保护我们人类自己”？

（五）使用画线词语模仿造句

1. 他居然还记着我的生日，这令我十分感动。

____

2. 今天中午12点的气温高达38.3度。

____

3. 我周末一般在家休息，偶尔出去爬爬山。

____

4. 根据他信里的话，我大概猜到发生了什么事情。

____

5. 他们提前做了很多的准备，因而会议开得非常成功。

____

（六）用所给词语完成句子

1. 我只有星期天可以休息，________________。（其余）
2. 妈妈打电话说要来中国看他，________________。（令）
3. ____________________，大熊猫是一级保护动物。（根据）
4. 那座大楼____________________。（达）
5. 今天的天气状况非常糟糕，____________________。（以致）
6. 他通常买DVD回家看，____________________。（偶尔）
7. 目前人们的生活水平越来越高，________________。（因而）
8. 这儿的夏天____________________。（复杂）

（七）改错句

1. 女孩子20岁左右就结婚，这在农村很通常。

____

2. 根据他的说，我们很容易就找到了那个地方。

____

3. 我的感冒以致我不能上课。

____

4. 这个飞机场为我们造成了很多好处。

____

5. 这部电影短达四十五分钟。

____

6. 既小王辞职了，也小李辞职了。

____

7. 读书令我的知识扩大。

____

8. 我已经住在这儿很长期了。

____

（八）连词成句

1. 偶尔　现在　家乡　一趟　回　我　才

____

2. 次　死亡　至少　十人　造成　此　事故

____

3. 安排　这样　为了　尴尬　避免　是

____

4. 首次　下周　电视剧　部　见面　观众　跟　这　将

____

5. 之间　电话　联系　通过　经常　朋友

____

6. 仅　的　工资　收入　其　百分之六十　占

____

（九）综合填空

我每天下午都出去散散步，时间________了，就会碰到各种事情。

首先是，________我问路的多。大概大家看我年纪比较大，又是一副老实的样子。一般情况下，我都能________他们比较满意的回答。这没什么________奇怪的，这个小城就那么点儿大，骑自行车一个小时就能转一________了，而我已经在这里生活几十年了，________着眼睛都能找对地方。

其次是，朝我求助的人也多了起来。________这些人，我有自己的规矩。如果是残疾人，我能帮就________；但如果是个正常人，对不起，帮不________你。你想啊，在现在这个社会，一个好胳膊（gēbo arm）好腿的人，只要动动手，还________不到吃饭的钱？

（十）阅读理解

金丝猴是中国特有的一种猴，它体长约70厘米，尾巴和身子差不多长，瘦长的身体上长着软软的金色长毛，最长可达30多厘米，披下来就像一件金黄色的“大衣”，十分漂亮。如此漂亮的“大衣”使它得到了“金丝猴”的美名。它与大熊猫齐名，被认为是中国最珍贵的保护动物，同属于国家一级保护动物。金丝猴主要有三种：川金丝猴、黔（Qián Guizhou province）金丝猴和滇（Diān Yunnan province）金丝猴。川金丝猴的脸天蓝色，两边、胸及后腿金黄色，分布于四川和陕西（Shǎnxī Shanxi province）等地；黔金丝猴的两肩之间有一块白色的毛，分布于贵州（Guìzhōu Guizhou province）与四川之间；滇金丝猴的脸两边是白色，分布于云南（Yúnnán Yunnan province）、四川和西藏（Xīzàng Tibet）东部。

金丝猴主要生活在高山森林地区，过着群居的生活，最大的群体可达600多只。他们主要在树上生活，有时也在地面找东西吃，主食有树叶、花、果等，偶尔也吃树皮，爱吃虫子、鸟和鸟蛋。

母爱在金丝猴的家庭中非常明显，母金丝猴非常关心和疼爱自己的孩子，尤其在小猴半岁以前，母猴总是把小猴紧紧地抱在胸前，或是抓住小猴的尾巴，一点儿不给它玩儿的自由。在这期间，不论猴爸爸怎么讨好妻子，也别想摸一摸自己的宝宝（bǎobao baby），更别提抱抱小猴，亲热一番了。

金丝猴为我们的大自然增加了色彩，让我们行动起来保护金丝猴，保护大自然。让金丝猴成为我们人类的朋友，和我们共同生存！

根据文章判断正误

1. 金丝猴的尾巴大概 70 厘米左右。 （　　）
2. 每只金丝猴都有一件金黄色的衣服。 （　　）
3. 川金丝猴的脸是蓝色的。 （　　）
4. 金丝猴喜欢单独居住。 （　　）
5. 金丝猴很喜欢吃树皮。 （　　）
6. 金丝猴爸爸常常照顾小猴。 （　　）

文化小贴士 Proverbs

作茧自缚

zuò jiǎn zì fù

Being caught in one's own trap

本课听说生词

New words in listening exercises

人次	晕	娱乐	企鹅	长度	臭	升高	区
海拔	植物	成立	游记	闯	恶劣	婴儿	刹车
伤害	男子汉	狼	生态	灭绝	(老)虎		措施
减少	地球						

第六十二课　西安之行

重点词语与句型：

1. 趁

　趁学校放暑假

2. 整

　原来这整座山都是武则天的墓！

3. ……过来

　我这才明白过来。

4. 仿佛

　仿佛马上就要跳起来似的

5. ……罢了

　兵马俑只不过是保护秦始皇墓地的部队罢了。

6. 一定

　科技水平达到了一定的程度

7. 本

　买了许多西安本地的特产

8. 不免

　不免有一丝遗憾

功能项目：

旅行游记

一、课　文

来中国之前，我就听说过西安了：西安是中国最古老的城市之一，中国历史上十几个朝代都曾在这儿建立首都，文物古迹非常多，小吃也很多……可以说，我对西安充满了好奇。于是，趁学校放暑假，我跟几个朋友坐上了去西安的火车。

到西安的第一天，我们就在导游的陪同下去参观乾陵。听说乾陵是中国历史上唯一的女皇帝武则天的坟墓，我非常好奇。坐了一个多小时的车以后，我们到了一座山前。望着眼前的这座山，我心中充满了疑问：武则天的墓在哪儿啊？我真恨不得插上翅膀马上飞到山顶去看看。导游一边陪着我们爬山，一边给我们讲解这里的历史和传说。好不容易爬到了山顶，顾不上喘口气儿，我就四处找，可是什么都没有。我奇怪地问导游："武则天的墓呢？""你就站在上面啊！"原来这整座山都是武则天的墓！我这才明白过来。

第二天，我们去参观了"世界八大奇迹"之一的秦始皇兵马俑。当我亲眼看到6000多件跟真人真马一样大小的兵马俑的时候，我震惊得都说不出话来了。那些士兵每一个表情都非常生动，而那些军马，仿佛马上就要跳起来似的。导游还介绍说，其实在刚挖掘出兵马俑时，它们身上的色彩还很鲜艳，但因为当时科技水平还不高，没能把它们的色彩保存下来，所以变成了现在我们看到的灰色。我突然想到，兵马俑只不过是保卫秦始皇墓地的部队罢了，连兵马俑的规模都这么大，那么秦始皇墓应该更大吧？导游说，秦始皇墓还没有挖掘，只有等我们的科技水平达到了一定的程度才会挖掘，也许是200年以后吧。真可惜，我看不到了。不过能看到这么伟大的兵马俑，我已经觉得非常幸运了。我要向偶然发现兵马俑的四位农民表示感谢。

第三天是自由活动的时间，我便跟朋友们去西安城里痛痛快快地逛了一圈儿，买了许多西安本地的特产。傍晚的时候，我们就要告别这座美丽而神奇的城市了。坐在回家的列车上，我心中不免有一丝遗憾：西安的美，三天两天是欣赏不完的，如果时间允许的话，真应该再好好待几天。我在心里说：西安，我会再来的！

二、生词

1. 朝代	n.	cháodài	dynasty	丁
2. 建立	v.	jiànlì	build, establish, set up	乙
3. 文物	n.	wénwù	historical relic	乙
4. 小吃	n.	xiǎochī	snacks	
5. 趁	prep.	chèn	avail oneself of, take advantage of	乙
6. 陪同	v./ n.	péitóng	accompany, be together with	丙
7. 唯一	adj.	wéiyī	only, sole	
8. 坟墓	n.	fénmù	grave, tomb, sepulchre	丁
9. 望	v.	wàng	gaze into the distance	乙
10. 眼前	n.	yǎnqián	before one's eyes, at present	乙
11. 插	v.	chā	stick in, insert	乙
12. 翅膀	n.	chìbǎng	wing	乙
13. 讲解	v.	jiǎngjiě	explain, expound, explicate	丁
14. 喘	v.	chuǎn	breathe heavily, pant	丙
15. 四处	n.	sìchù	all around, in all directions	丙
16. 整	adj.	zhěng	whole, complete, full	丙
17. 奇迹	n.	qíjì	miracle, wonder, marvel	丙

18. 亲眼	adv.	qīnyǎn	(see) with one's own eyes	丙
19. 震惊	v.	zhènjīng	shock, astonish	丁
20. 士兵	n.	shìbīng	soldier, rank and file	丙
21. 军	n.	jūn	armed forces, troops	乙
22. 挖掘	v.	wājué	excavate, dig	丁
23. 鲜艳	adj.	xiānyàn	bright-coloured	丙
24. 灰	adj./ n.	huī	grey; dust, ash	乙
25. 部队	n.	bùduì	army, armed forces, troops	乙
26. 罢了	particle	bàle	that's all, nothing more	丁
27. 规模	n.	guīmó	scale, scope	乙
28. 幸运	adj./ n.	xìngyùn	fortunate, lucky; good luck	丁
29. 圈	m.(v.)	quān	*used for things in the shape of a circle*	乙
30. 特产	n.	tèchǎn	special local product	丁
31. 神奇	adj.	shénqí	miraculous	丁
32. 不免	adv.	bùmiǎn	cannot avoid, cannot help	丙

专名

1. 西安	Xī'ān	Xi'an (*a city in Shanxi province*)
2. 乾陵	Qiánlíng	Qian Mausoleum
3. 武则天	Wǔ Zétiān	a person's name, the only female emperor in ancient China

本课新字

趁 唯 坟 插 翅 喘 震 挖 掘 艳
罢 圈

三、注　释

秦始皇兵马俑 Terra-cotta Warriors and Horses of Chin Shi Huang

秦始皇（前 259—前 210）是中国古代封建社会第一个皇帝。他的陵墓就是秦始皇陵。兵马俑在秦始皇陵东侧一公里半处，1974 年被发现后在原址基础上建成了兵马俑博物馆。

Chin Shi Huang (259B.C.–210B.C.) is the first emperor in federal period of ancient China, whose tomb is called Chin Shi Huang's Mausoleum. The Terra-cotta Warriors and Horses lie 1.5km away to the east of the Mausoleum. When it was discovered in 1974, the museum was set up on the original site.

四、重点词语与句型

（一）趁　await oneself of

［介］表示利用某个条件或机会，也可以说“趁着”。

[prep.] It means to take a condition or chance to do something. It can also be expressed as 趁着.

1. 趁+名词（或名词结构）。如果名词（或名词结构）是双音节以上，也可以用“趁着”。如：

趁+noun (or noun structure) If the noun (or noun structure) is more than two syllables, 趁着 can be used instead. For example:

（1）他趁课间休息回宿舍拿东西去了。

（2）被子要趁（着）晴天多晒一晒。

（3）趁（着）老师转身的时候，他偷偷看了一眼书。

2. 趁+形容词，这种情况比较少见，常出现在这个结构里的形容词有“热”、“早”、“年轻”等。如：

趁 + adjective This kind of structure is rare. Only the adjectives such as 热, 早，年轻 and so on are usually used in this kind of structure. For example:

（1）这汤要趁热喝。

（2）你趁早回去吧。

（3）我要趁着年轻多学点儿东西。

3. 趁+小句，这种情况也可以用“趁着”。如：

趁+clause In this kind of structure, 趁着 can also be used. For example:

（1）小偷趁（着）他不注意，把他的钱包偷走了。

（2）趁（着）天还没黑，你赶快回家吧。

（3）趁（着）我还在这儿，有什么问题尽管问吧。

（二）整 whole, full, complete

[形] 意思是“完整的，全部在内，没有剩余”。

[adj.] It means complete, all included, nothing left.

1. 整+量词+名词，表示全部的，没有多余的或其他的情况。如：

The structure 整+measure word+noun means the whole, nothing left. For example:

（1）他的整篇文章都没有提到这个事情。

（2）我昨天整个晚上都在复习。

（3）他一整天都不在家。

比较：“整天”和“一整天”

Compare: 整天 with 一整天

“整天”的意思是“总是、常常”，如：“他整天泡在图书馆里。”而“一整天”的意思是“从早到晚的时间”，如：“他前天一整天都在宿舍。”

The phrase 整天 means always, usually. For example, he stays in the library all day long. However, 一整天 means from morning till night. For example, the day before yesterday, he stayed in his dormitory for the whole day.

2. 整+数量短语，表示整数，没有零头。此时“整”可以叠用。如：

整+ a numberal phrase, meaning an integer, no odds. The word 整 can be geminated. For example:

（1）我来中国整两年了。

（2）他气得整整三天没吃饭。

3. 数量短语+整，表示整数，没有零头。此时“整”不可以叠用。如：

Numberal phrase +整, meaning an integer, no odds. The word 整 cannot be geminated. For example:

（1）现在是10点整。

（2）这条鱼两斤整。

（三）V + 过来

“过来”用在动词之后，表示恢复或转变到正常的、积极的状态。如：

When the phrase 过来 is used after a verb, it means something resumes or changes into a normal and active state. For example:

（1）我叫了他半天，他终于醒过来了。

（2）他又解释了一遍，我这才明白过来。

（3）过了好久，女人才从悲痛中恢复过来。

（四）仿佛　as if, seem

1. ［副］好像，似乎。用在名词或名词结构前面，表示比喻，多用于书面语。后面常与“似的”、“一样”、“一般”等一起搭配使用，也可以单用。如：

[v.] It means seem, as if. It is used before a noun or noun-structure, as a kind of metaphor, mostly used in written Chinese. It is often used together with 似的(likely), 一样(same), 一般(like). For example:

（1）那里的风景真美，仿佛一幅山水画一样。

（2）她的心情就仿佛六月的天气一般阴晴不定。

2. ［副］用在名词、形容词、动词或小句前面，表示一种推断或感觉，好像这样。如：

[adv.] It is used before a noun, an adjective, a verb or a clause, meaning a type of inferring or a feeling of sense. For example:

（1）手机让交流变得那么容易，仿佛谁都在你身边。

（2）那段时间他仿佛疯了一样，拼命地学习。

（3）他很自然地走了进去，仿佛对这儿很熟悉。

（五）……罢了　that's all, nothing more

［助］用在陈述句句尾，表示把前面的情况往小、往少里说，不值得奇怪，常常跟“只是”、“不过”、“只不过”等词语配合使用。如：

[paticle] When it is used at the end of a declarative sentence, it means the situation mentioned before is very easy, nothing curious. It is often used together with 只是, 不过, 只不过 and so on. For example:

（1）孩子不过是有点儿感冒罢了，不用担心。

（2）我不是特别聪明，只不过是比别人多花了些工夫罢了。

（3）他只是说说罢了，你不用太放在心上。

（六）一定　to some degree

1. ［形］意思为“某种程度的、适当的”，只能用做定语来修饰中心语，一般后面要加“的”。如：

[adj.] It means "to some degree" or proper. It can only be used as an attributive to modify the central word, usually 的 is added to it. For example:

（1）通过了半年的学习，他的水平有了一定的提高。

（2）我认识他时间也不短了，对他有一定的了解。

2. ［形］意思为"固定的、特定的、规定的"，只能用做定语来修饰中心语，一般后面要加"的"。如：

[adj.] It means fixed, specialized or regulated, and it can only be used as an attributive to modify the central word, usually 的 is added to it. For example:

（1）每个国家在接待客人方面都有一定的规矩。

（2）学习没有一定的方法。

（七）本　native, one's own, this

1. "本+名词"，说话人指自己或自己所在的机构、集体、地区等。如：

It is used together with a noun in the structure "本+ n.", indicating the speaker him or herself, or referring to an organization, a collectivity or an area in which oneself works. For example:

本人　本公司　本校　本商场　本市

（1）本人 1977 年 10 月出生。

（2）本商场正在举行新年优惠活动。

（3）这是本市最有名的餐厅。

2. "本+名词"复指前面的名词或代词。如：

It is used together with a noun in the structure "本+ n.", again indicating the former noun or pronoun. For example:

（1）来的时候，请带您本人的身份证和两张照片。

（2）如果不是他们本校的车，就需要换通行证。

（3）他不是北京本地人。

3. ［代］意思为"这"，通常是制作人或主管人措辞时使用。如：

[pron.] It means 这 (this), which is usually refer to the producer or the director him or herself. For example:

（1）本产品轻巧方便，是您旅行时最好的选择。

（2）感谢你们对本次晚会的支持和帮助。

4.“本+时间词”，指包括说话时间在内的一段时间。如：

The structure “本+时间词” indicates a period of time including the speaking time. For example:

本周　本月　本季度　本年度

（1）本周天气不错，气温继续回升。

（2）经理让我写一份本季度的销售报告。

（八）不免　can't help

［副］表示由于前面的原因，产生了后面的结果，而这个结果一般是不好的或说话人不满意的，一般用于复句中的后一分句。如：

[adv.] Because of the former cause, the following result takes place, which usually refers to something not good or something that the speaker is not satisfied with. For example:

（1）他第一次参加这么大的比赛，不免有些紧张。

（2）都 11 点了，儿子还没回来，她不免担心起来。

（3）看到饭菜都是凉的，他心中不免生出一些不满。

注意　Note:

“不免”后面一般是肯定形式的动词或形容词，一般不接否定形式。如：

Usually 不免 is followed by an affirmative verb or adjective, but not by negative ones. For example:

*第一次上这个老师的课，大家不免表现得不活跃。

五、练　习

(一) 朗读短语

趁星期天	趁还年轻	趁他不注意	明白过来	醒过来
唯一的亲人	唯一一个朋友	整个房间	整整十米	三年整
仿佛没睡醒	仿佛一场梦似的	趁你有时间	趁他不在家	本公司
他本人	不过三年	不过七八岁	小问题罢了	看电视罢了
不免说了几句	不免有些难过	不免发脾气	告别亲人	跟朋友告别

(二) 选词填空

望　唯一　眼前　整　仿佛　趁　本　过来　罢了　一定

1. 将来的事情将来再说，先把________的事情做好。
2. 这上面的照片是不是你________人？
3. ________现在还年轻，你要为理想而努力。
4. 我对邮票没什么兴趣，也就是看看________。
5. 金丝猴对我点点头，________听懂了我说的话。
6. 水在________条件下可以变成冰。
7. 上大学不是人生道路上________的选择。
8. 他已经在医院住了两个月了，身体基本恢复________了。
9. 我已经一________天没见到他了。
10. 从他办公室的窗户就可以________见长江。

(三) 从括号中选择合适的词语填空

1. 这台电视机是这个家里________值钱的东西。　(唯一　单独)
2. 你们都出去吧，我想________待一会儿。　(唯一　单独)

3. 我们的公司是 1994 年＿＿＿＿＿的。（建立　成立）
4. 两个国家＿＿＿＿＿了很好的经济合作关系。（建立　成立）
5. 她一站到舞台上，就＿＿＿＿＿鱼儿到了水里。（仿佛　似的）
6. 他一阵风＿＿＿＿＿跑了。（仿佛　似的）
7. 在农村，你每天＿＿＿＿＿的都是新鲜空气 。（呼吸　喘气）
8. 他跑得快＿＿＿＿＿不过＿＿＿＿＿来了。（呼吸　喘气）

（四）根据课文回答问题

1. 去西安之前，“我”对西安有什么了解？
2. “我”什么时候去的西安？为什么这个时候去？
3. 乾陵是什么地方？
4. 兵马俑刚挖掘出来的时候和现在一样吗？为什么？
5. 为什么现在人们不去挖掘秦始皇墓？
6. 为什么“我”想再去西安？

（五）用括号里的词语或结构改写句子

1. 正好你们大家都在，我要宣布一件事情。（趁）

＿＿＿＿＿＿＿＿＿＿＿＿＿＿＿＿＿＿＿＿

2. 我只是迟到了十分钟，你怎么生那么大的气？（只不过……罢了）

＿＿＿＿＿＿＿＿＿＿＿＿＿＿＿＿＿＿＿＿

3. 要不是我自己看见，我还真不相信他是这种人。（亲眼）

＿＿＿＿＿＿＿＿＿＿＿＿＿＿＿＿＿＿＿＿

4. 别人都伤心得要命，可他好像没什么感觉。（仿佛）

＿＿＿＿＿＿＿＿＿＿＿＿＿＿＿＿＿＿＿＿

5. 我代表我们公司所有的职员欢迎你们。（本）

＿＿＿＿＿＿＿＿＿＿＿＿＿＿＿＿＿＿＿＿

6. 现在我只有一个希望，就是孩子的病赶快好起来。　(唯一)

____

(六) 用所给词语完成句子

1. 他又聪明又努力，__________________。　(可以说)
2. 这么小的房间住两个人，__________________。　(不免)
3. 老师刚给他起了一个新的中文名字，所以别人叫他的时候，他 __________________。　(过来)
4. 我不是不会游泳，__________________。　(罢了)
5. 他学习非常刻苦，__________________。　(唯一)
6. 这个箱子历史可长了，__________________。　(整)
7. __________________你赶快把房间打扫一下。　(趁)
8. 他大口大口地吃着饭，__________________。　(仿佛)

(七) 改错句

1. 天气太热了，我有些喘气不过来。

____

2. 朋友们都走了，不免他有些难过。

____

3. 昨天他整天没看书。

____

4. 她一直在问，并不仔细听我们的回答罢了。

____

5. 那儿离我家不太远，不过骑自行车十分钟就到了。

____

6. 这种植物只有在一定条件中才可以开花。

____

（八）综合填空

昨天晚上，我在做作业的时候，姐姐轻轻走了过来，悄悄对我说："我们家现在________到困难了。今天早上我听________爸妈在房间里谈话，爸爸有一________生意没做好，损失很严________，现在不知道怎么办________好。我想我们应该________他们做些什么。"说完，她拉________我的手，来到了妈妈身边，对妈妈说："我原来要的一个新书包，弟弟要的一双新运动________，现在我们都不要________；每天的水果我们也不吃了；我们所有的礼物都可以拿去卖了，还能换点钱；________有的家务活儿我们自己干。"妈妈听________就笑了，但眼睛里都是泪水。爸爸回来以后，妈妈________发生的一________告诉了他，爸爸什么也没说。今天下午________学回家以后，我在房间里看到了一双新运动鞋和一________新书包。

（九）阅读理解

中国有句俗话："上有天堂（tiāntáng paradise），下有苏杭。"说的是苏州和杭州仿佛天堂一般美丽。苏州，位于江苏省东南部，东靠上海，北临长江，面积8848平方公里，人口570余万，是中国著名的风景旅游和历史文化名城。

苏州是一个古老的城市，从建城到现在已经有2500多年的历史了，它是江南水乡文化的代表，目前仍然基本保持着"小桥、流水、人家"的样子。城内有古迹487处，其中国家级15处，省级101处，数量仅次于北京和西安。古城西南的太湖是国家级重点风景名胜区，风景十分美丽。苏州城西有一座山，名叫"姑苏山"，苏州因此得名。

苏州园林是苏州的骄傲。明清时期，苏州有园林270多处，目前保存完好的有69处。苏州园林是建筑、山水、花木共同组成的艺术品，是自然美、建筑美和绘画美的集合。在中国四大名园中，就有拙政园（Zhuōzhèng Yuán *name of a park*）、留园两座在苏州。1997年，以拙政园、留园、环秀山庄（Huánxiù Shānzhuāng *name of a park*）等9座园林为代表的苏州古典园林被列入世界文化遗产名录（mínglù record）。

随着苏州经济的发展，在苏州古城的东面和西面又分别扩出了两个大区：中外合作的工业园区和高新技术区。美国《商业周刊》列出的世界九大新工业城市，亚洲地区唯一的一个就是苏州。只要走出古城，你就能感受到苏州的现代化和国际化城市管理。昨天的小苏州已经发展为今天的大苏州，它已成为最有活力的年轻的现代化城市。

根据内容判断正误

1. 苏州在上海的西边。（　）
2. 苏州城内有国家级名胜古迹 487 处。（　）
3. 北京和西安的名胜古迹比苏州的多。（　）
4. 现在苏州有 270 多处古典园林。（　）
5. 今天的苏州既古老又年轻。（　）

（十）写作

你去过中国的哪些城市？哪个城市给你的印象最深？请介绍一下。可以选用下面词语中的 8~10 个用在你的文章里。

古老　趁　罢了　名胜　古迹　历史上　唯一　充满　参观

……之一　仿佛　规模　特产　告别　尽管……但是……　偶然

可以说　不免

文化小贴士 Proverbs

中国六大古都：北京、南京、西安、洛阳、开封、杭州

Zhōngguó liù dà gǔdū: Běijīng、Nánjīng、Xī'ān、Luòyáng、Kāifēng、Hángzhōu

The six famous ancient capitals in China: Beijing, Nanjing, Xi'an, Luoyang, Kaifeng, Hangzhou.

本课听说生词

New words in listening exercises

亲人	肿	桃子	滋味儿	起码	工程师	现金
赔	天堂	位于	闻名	泉	善良	同情
哗啦	实行	淡季	旺季	线路	咨询	硬卧
住宿	保险					

第六十三课　无声世界的舞者

重点词语：

1. 无

　无声世界

2. 始终

　她的病情始终没有好转。

3. 似乎

　似乎整个世界都变了

4. 加以

　并对她加以训练

5. 干脆

　干脆把她一个人扔下

6. 白

　邰丽华的汗水没有白流。

7. 不禁

　她不禁亲自指导起邰丽华来。

8. 由

　由邰丽华领舞的节目《千手观音》

功能项目：

残疾人生活状况

一、课 文

邰丽华1976年出生在湖北一个普通的家庭，刚出生时，她和所有同龄的孩子一样，聪明、活泼、可爱。然而两岁的时候，不幸降临到她的头上。一次高烧后，她再也听不到外面世界的声音了。为了给她治病，父母带她跑遍了各大医院，但她的病情始终没有好转。7岁时，父母将她送入了聋哑学校学习。

在聋哑学校学习期间，邰丽华最喜欢的一门课就是音乐舞蹈课。老师敲响木地板的鼓，把震动传给学生，培养他们对节奏的感觉。鼓声让邰丽华第一次感受到了音乐的色彩。那一刻，似乎整个世界都变了，从此她爱上了音乐和舞蹈。

幸运的是，邰丽华在艺术方面的才能被一位老师发现了，老师把她招进了学校艺术团，并对她加以训练。在艺术团里，凭着勤奋和对舞蹈的热爱，邰丽华不断进步着，她表演的舞蹈也在市里、省里多次获奖。15岁时，她进入了中国残疾人艺术团，正式开始接受专业的舞蹈训练。刚进团那段时间，她的基本功很差，连基本的转圈都转不了几个。老师考她的第一个舞是《雀之灵》，那次，尽管邰丽华尽了最大的努力，但在老师看来，她所做的一切似乎都无法让人满意。最后，老师干脆把她一个人扔下，自己走了。

接下来的半个月里，除了吃饭、睡觉，邰丽华把其余的时间全部用来练习。每天练习结束时，身上都被摔得青一块紫一块，晚上睡觉时痛得没办法翻身。这一切，她都咬牙坚持了下来。

就这样，当那位老师再次看到邰丽华时，她已经可以转两三百圈儿了。更让老师吃惊的是，邰丽华竟然完全准确地跳完了《雀之灵》的 700 多个节拍。她用努力向这位老师证明了自己。

邰丽华的汗水没有白流，她获得了一个又一个的舞蹈大奖，还获得了著名舞蹈家杨丽萍的指导。当杨丽萍看到邰丽华跳《雀之灵》的时候，非常感动地称赞她说："我创作《雀之灵》这么多年了，如果听不见音乐，我都不知道自己能不能跳出那种味道，而你竟然跳得这么好，我很佩服你！"说完，她不禁亲自指导起邰丽华来。

2005 年的春节晚会上，由邰丽华领舞的节目《千手观音》获得了巨大的成功，当得知这些舞蹈演员都是聋哑人的时候，人们震惊了。全体观众站起来为她们鼓掌，掌声久久没有停下来。人们看到的不仅是动人的舞蹈，还看到了邰丽华和她的伙伴们的坚强和对舞蹈的热爱。

（根据刘健《千手观音邰丽华的人生和爱情》改编）

二、生 词

1. 不幸	adj./ n.	búxìng	unfortunate, despairing and painful; misfortune, adversity	乙
2. 降临	v.	jiànglín	befall, arrive, come, condescend to come	丁
3. 高烧	n.	gāoshāo	high fever, hyperpyrexia	丁
4. 病情	n.	bìngqíng	state of an illness, patient's condition	乙
5. 始终	adv.	shǐzhōng	from beginning to end, from start to finish, throughout	乙
6. 好转	v.	hǎozhuǎn	take a turn for the better, take a favourable turn, improve	丁
7. 聋	adj.	lóng	deaf	丁
8. 哑	adj.	yǎ	creak, squeek; mute, dumb	丁
9. 舞蹈	n./ v.	wǔdǎo	dance, nautch, saltation	丙
10. 地板	n.	dìbǎn	floorboard; floor	丙

11. 震动	v.	zhèndòng	shake, shock, vibrate	丙
12. 节奏	n.	jiézòu	rhythm; regular pattern	丁
13. 感受	v./ n.	gǎnshòu	taste, experience, feel	丙
14. 似乎	adv.	sìhū	as if, it seems, seemingly	乙
15. 才能	n.	cáinéng	talent, ability, capacity	丙
16. 招	v.	zhāo	beckon; recruit, enroll	丙
17. 加以	v.	jiāyǐ	handle, treat	乙
18. 勤奋	adj.	qínfèn	diligent, assiduous	丁
19. 获	v.	huò	capture, catch; obtain, win	丙
20. 进入	v.	jìnrù	enter, get into	
21. 正式	adj.	zhèngshì	formal, official, regular	乙
22. 干脆	adv./ adj.	gāncuì	simply, just; altogether	乙
23. 青	adj.	qīng	blue or green	乙
24. 节拍	n.	jiépāi	time, beat, tempo, pace	
25. 证明	v./ n.	zhènmíng	prove, testity, bear out verity, demonstrate; certificate	乙
26. 佩服	v.	pèifú	admire, have admiration for, think highly of, revere	丙
27. 不禁	adv.	bùjīn	cannot help (doing sth.)	丙
28. 全体	n.	quántǐ	whole, all	甲
29. 掌声	n.	zhǎngshēng	clapping, applause	丙
30. 动人	adj.	dòngrén	moving, touching	乙
31. 伙伴	n.	huǒbàn	partner, companion	丙

专名

1. 邰丽华	Tái Lìhuá	*name of a person*
2. 湖北	Húběi	Hubei (province)
3.《雀之灵》	《Què zhī Líng》	*name of a piece of dance*
4. 杨丽萍	Yáng Lìpíng	*name of a dancer*
5. 观音	Guānyīn	Kwan-yin, Goddess of Mercy
《千手观音》	《Qiān Shǒu Guānyīn》	*name of a piece of dance*

本课新字

聋 哑 蹈 奏 勤 脆 佩 伴

三、注释

身上都被摔得青一块紫一块

(She is) always black and blue all over because of the practice

"青一块紫一块"一般用来形容人受到外伤后皮肤淤血的样子。

The expression 青一块紫一块 is usually used to describe a person wounded, who is black and blue all over because of extravasated blood under the skin.

四、重点词语

(一) 无　no, none, un-

［构词成分］意思为"没有"，在现代汉语中不能单独成词，加在其他

成分前面构成词或短语，书面语色彩较重。如：

[a word component] It means none. It cannot be used alone as a word in modern Chinese. It must be used before other components or phrases, with clear character of written Chinese. For example:

无声　无法　无关　无理　无情　无视　无限　无效　无意　无心
无话可说　无价之宝

（二）始终　from beginning to end

［副］表示行为或状态从头至尾持续不变，此时可以用“一直”替换，如：

[adv.] It means an action or a state keeps the same all the time, from beginning to end. It can be replaced by the phrases 一直. For example:

（1）我始终没有弄明白他那番话的意思。
（2）张文始终坚持这个观点。
（3）不论走到哪儿，他始终带着那支笔。

（三）似乎　as if, seemingly

［副］好像、可能，表示不十分确定，有猜测的语气。如：

[adv.] seems, probably. It means uncertain, with the tone of guess. For example:

（1）小宝宝似乎睡着了。
（2）听他的语气，似乎有些不高兴。

注意　Note:

“似乎”后面不可以加表示比喻、比拟的成分，也不可以和“一样”、“似的”搭配使用。如：

The phrase 似乎 cannot be followed by metaphorical components. It cannot be combined with the phrases as 一样, 似的 and so on, either. For example:

*她的脸似乎苹果一样。

（四）加以　handle, treat

［动］用在双音节动词前，没有实际意义，表示对某一事物施加某种动作。如：

[v.] Used before double-syllable verbs, it has no practical meaning but to indicate that a certain action is added to something. For example:

（1）对不同情况要加以分析。

（2）工作中发现的问题要一个一个地加以解决。

注意　Note:

1. “加以”是形式上的动词，后面一定要加其他有实际意义的动词，动词之后不可以带宾语，宾语成分应该在“加以”前面出现。如：

The phrase 加以 is a form verb. It must be followed by other verbs with practical meaning. The verbs cannot be followed by objects. The objects may be put before 加以. For example:

* 我们加以解决这个问题。

2. “加以”后面只能带双音节动词，不可以带单音节动词。如：

The phrase 加以 can only be followed by double-syllable verbs instead of single-syllable ones. For example:

* 我要对这个问题加以想。

（五）干脆　simply, just; altogether

1. ［副］表示某种动作行为很方便、简单，索性。如：

[adv.] It means that a certain action or performance is very simple and convenient. For example:

（1）天这么晚了，车也不好坐，今天晚上你干脆别回去了。

（2）总借别人的太不方便，他干脆就自己买了一辆。

2. ［形］形容说话或做事爽快，直截了当。如：

[adj.] It is used to describe that somebody is frank and straightforward. For

example:

（1）我请他帮我照顾一下孩子，她答应得很干脆。

（2）院长很干脆地拒绝了那个人的无理要求。

（六）白　in vain

1. [副] 动作行为没有达到预期的效果。如：

[adv] An action without achieving the expected result. For example:

（1）我去的时候他不在，我白跑了一趟。

（2）这药一点儿用也没有，这钱算是白花了。

（3）我白说了半天，他一点儿也没听进去。

2. [副] 做某事不需花钱，不需要回报。如：

[adv.] There is no expense in doing something or need for return. For example:

（1）职员当然要好好工作，不能白拿公司的工资。

（2）他都三十好几了，还在父母家里白吃白住。

（3）别说一百块，就是白给我也不要。

（七）不禁　cannot help (doing sth.)

[副] 控制不住、忍不住的意思，多用于书面语。如：

[adv.] It means "cannot control" or "can't help doing something", which is mainly used in written Chinese. For example:

（1）听到这句话，大家不禁笑了起来。

（2）我们不禁要问：到底发生了什么事？

比较："不禁"和"忍不住"

Compare: 不禁 with 忍不住

"不禁"是副词，多用在书面语中，而"忍不住"是动词短语，可以单独做谓语成分，多用在口语中。如：

不禁 is an adverb, which is mainly used in written Chinese; while 忍不住 is a verb phrase, which can be used as a predicate alone and it is mainly used in spoken Chinese. For example:

我实在忍不住了，哈哈大笑起来。

*我实在不禁了，哈哈大笑起来。

（八）由　by

［介］引入动作的施动者。其结构为：“受动者+由+施动者+动词”。如：

[prep.] It introduces the agent of an action. The following is the structure patient + 由 + agent + verb. For example:

(1) 这次会议由张明主持。

(2) 旅行的所有事情都由旅行社安排。

(3) 他的肺癌是由抽烟引起的。

(4) 社会是由无数个家庭组成的。

五、练　习

（一）朗读短语

始终坚持	始终不相信	聋哑人	又聋又哑	舞蹈表演
舞蹈艺术	加以解决	加以研究	加以控制	干脆买下来
干脆扔掉	干脆拒绝	热爱工作	爱祖国	正式宣布
正式调查	不禁点点头	不禁有些好奇	童年的记忆	恢复记忆
白忙了半天	白担心	全体师生	全体员工	为他鼓掌

（二）选词填空

始终　白　干脆　全体　似乎　准确　重复　由　正式　不禁

1. 不管发生什么事，他________陪在我的身边。
2. 请________老师下午三点到会议室开会。
3. 这个工作实在没意思，每天都是在________前一天的工作。
4. 从明天开始，我就是一名________的外科医生了。
5. 这只小鸟天天准时飞到阳台上来，________已经成了我们家的一员了。
6. 我以为是我得了奖呢，________高兴了一场。
7. 听说要去云南旅游，他________高兴地跳了起来。
8. 他翻译得非常好，________地翻译出了作者的意思。
9. 难得休息一天，别在家做饭了，________出去吃吧。
10. 这里的工作都________经理安排！

（三）根据课文回答问题

1. 邰丽华一出生就是聋哑人吗？
2. 老师用什么办法让聋哑学生感觉到节奏？
3. 邰丽华是怎么进入中国残疾人艺术团的？她的舞蹈基础好吗？
4. 她是怎么跳准《雀之灵》的节拍的？
5. 《雀之灵》是谁创作的？她为什么愿意指导邰丽华？
6. 《千手观音》表演完之后，为什么观众鼓了很长时间的掌？

（四）用所给词语改写句子

1. 请你把刚才的句子再说一遍。（重复）

____

2. 我们应该表扬那些坚持到最后的人。（加以）

____

3. 我们家的大事儿都是我丈夫做决定的。（由）

____

4. 我做了一桌子饭菜，结果他们都不来了。（白）

____

5. 这本词典我用不着了，就送给你吧。（干脆）

____

6. 天慢慢黑了，可外面还是一个人也没有，她开始害怕了。（不禁）

____

（五）连词成句

1. 照顾　下　在　父母　一天天　孩子　的　好转　病情　的

____

2. 她　由　获得　那部　电影　了　主演　大奖　的

____

3. 我　随时　的　歌　响起　心中　一支　有

____

4. 政府　保护　这些　加以　正在　动物　对

____

5. 正确　竟然　小张　完全　回答　的

____

6. 那天　忘记　无法　所　发生　的　我　一切

____

（六）用所给词语完成句子

1. 我昨天复习的内容今天都没考，__________________。（白）

2. 渐渐地，他回家越来越晚，有时候________________。（干脆）

3. 每一个家庭________________________。　　(由)

4. 她脸色不太好，________________________。　　(似乎)

5. 听了爷爷的话，________________________。　　(不禁)

6. 三岁的时候他得了一种怪病，________________。　　(幸运的是)

7. ____________________________照顾父母。　　(尽)

8. 我们找了他很多次，但____________________。　　(始终)

（七）改错句

1. 这个学校对小孩子加以培训英语。

____

2. 表演太精彩了！观众们不禁鼓掌起来。

____

3. 我向他借自行车，他干脆拒绝我。

____

4. 这个电视剧是由我上个星期看的。

____

5. 我打算始终在这儿住下去。

____

6. 朋友把全体的事情都告诉我了。

____

7. 这个饭店的菜很好吃，我想以后重复来吃。

____

8. 这所学校很漂亮，似乎一座花园儿似的。

____

（八）综合填空

第二天，小洪就给青青________了个澡，换了一身干净的衣服，_____

___着她出门了。4 岁的青青高兴地坐在自行车后________上，一路上开心地笑着。小洪想________了青青这几年给他带来的快乐，________由得难过起来。

到了那________人家，女主人紧紧抱住青青哭________了泪人，她告诉小洪，青青正是她两年前走________的女儿。走的时候，小洪抱起青青，把她交给女主人。青青望________面前这个陌生的女人，脸上露出害怕的________情，她把头________过来，对着小洪哭喊："哥哥，哥哥，我要回家，我要回家……"

（九）选择合适的词语

2005 年5 月 12 日，年___1___36 岁的丛飞被深圳市人民医院检查出胃癌。亲朋好友们___2___了，然而更让人吃惊的是，___3___著名歌手的丛飞，他___4___连为自己看病的钱都拿不出来。这___5___是为什么？原来他资助了 183 名贫困儿童，还常常帮助很多贫困失学和残疾的儿童。

一次，他在四川参加一___6___演出，台下坐着几百名因家庭贫困上不___7___学的孩子，看着他们，丛飞想起了自己的童年。他当场___8___身上的 2400 元钱放到了老师手里。老师告诉丛飞："你这 2400 元钱，可以___9___20 个小学生完成两年学业！"从那一刻起，他就下定决心，要___10___自己最大的努力去帮助那些贫困的学生。

1. A. 只	B. 就	C. 仅	D. 才
2. A. 震惊	B. 吃惊	C. 惊讶	D. 惊喜
3. A. 成为	B. 作为	C. 是	D. 当
4. A. 竟然	B. 果然	C. 既然	D. 突然
5. A. 难道	B. 到底	C 还	D. 可能
6. A. 场	B. 趟	C. 回	D. 种
7. A. 去	B. 起	C. 完	D. 够
8. A. 拿出	B. 掏出	C. 将	D. 从
9. A. 替	B. 给	C. 让	D. 被
10. A. 花	B. 尽	C. 使用	D. 付出

（十）阅读理解

张慧敏，一个8岁的女孩儿，在2007年海口（Hǎikǒu capital of Hainan province）马拉松比赛中获得了女子组第二名。“即使不能成名成家，也可以练出一副好身体。”这就是父亲张建民对此事的全部解释。

张建民说，在女儿4岁那年，他让女儿跟着自己晨跑。最初也就是几百米距离，没想到女儿竟然坚持下来了。每天跑的距离越来越长，于是为了不耽误7点半去上学，父女俩便越起越早，到最后干脆连距离也不计算了，每天7点之前4个小时，能跑多远就跑多远。

在报名参赛的时候，因为张慧敏年纪太小，起初工作人员并不同意她参加，但她还是在父亲骑车陪同下跑完了全程。这次比赛有130多人报名，张慧敏用了3小时28分45秒跑完，仅比第一名多用时19秒。这个成绩使张家父女一夜成名。

这个成绩更加坚定了张建民对女儿进行长跑训练的信心。2007年1月，张建民陪着女儿用了17天的时间围着海南岛（dǎo island）跑了一圈。在路上不少好心人塞给老张几百元钞票（chāopiào cash），大概是因为大家看到了“长跑神童”黄黑的脸和瘦小的身体以及她脚下已经湿透了的4元钱一双的薄底运动鞋。

在这样的经济条件下，让一个8岁的孩子进行这么大运动量的训练，一些专业人士表示强烈反对：“如此超运动量不利于孩子的成长，而这种危险并不是在一天两天内表现出来。”

“即使不能成名成家，也可以练出一副好身体。”这就是父亲张建民对此事的全部解释。张建民首次接受了专家们的意见。1月25日，张慧敏去海南省高等体育运动学校接受身体测试。他表示，关于女儿的将来，他想得不是太多。但是，参加奥运会的确是他们的一个梦想。

根据文章判断正误

1. 下面哪个说法是正确的？（　　）

A. 张慧敏每天参加马拉松比赛

B. 张慧敏参加比赛的时候已经 8 岁多了

C. 张建民和女儿一起跑完了马拉松

D. 张慧敏平常跑马拉松的成绩比比赛的时候好

2. 此次马拉松比赛女子组冠军的成绩是多少？（　　）

A. 3 小时 28 分 26 秒　　B. 3 小时 28 分 45 秒

C. 3 小时 29 分 04 秒　　D. 4 小时 0 分 0 秒

3. "一夜成名"的意思是什么？（　　）

A. 在夜里变成了名人　　B. 这一夜很有名

C. 在很短的时间里变得很有名　　D. 每天夜里都是名人

4. 下面哪个不是专业人士反对张慧敏进行马拉松训练的原因？（　　）

A. 经济条件很差

B. 运动量太大，对身体不好

C. 年龄太小，目前还不合适

D. 太瘦弱，不能参加奥运会

本课听说生词
New words in listening exercises

芭蕾	天鹅	缺	诊所	缓解	投资	病房	老婆
玩具	钟	梨(子)	盲	优秀	自费	有效	改进
系统	逆时针		重心	平衡	地砖	周到	轮椅
智力	专长	开创	按摩	设施			

第六十四课　鲁班造伞

语法项目：

1. 名词词缀

   建筑师、发明家

2. V + 个 + 动 / 形

   雨下个不停

3. V 了又 V

   瞧了又瞧

重点词语：

1. 善于

   善于动脑筋

2. 一连

   一连造了许多亭子

3. 除非

   除非把亭子做得又轻又小

4. 透

   他全身都湿透了。为了这事儿，鲁班伤透了脑筋。

5. 按

   按荷叶的样子做了个架子

6. 稍微

   稍微改造一下

功能项目：

创造发明的动力

一、课 文

鲁班是中国古代一位有名的建筑师和发明家。鲁班的爷爷和爸爸都是木匠，他从小就跟着爸爸学手艺。他很用心，又善于动脑筋，没几年，就学会了盖房子的技术，还学会了造桥。那个时候世界上没有伞，下雨的时候，人们只能待在家里。鲁班就想，要是有个东西能挡雨，下雨的时候也可以出去就好了。

于是，鲁班动起脑筋来。一有时间，他就待在房间里，盯着各种房子模型看。终于有一天，他率领几个木匠来到路边动手干了起来。没几天，一座小小的建筑就建好了。这个建筑的顶是尖尖的，四面没有墙，只用几根柱子撑住。他告诉大家，这个叫做亭子，下雨的时候跑进来，就可以避雨。接着，他们隔一段路造一个亭子，一连造了许多亭子。这样，雨来了，进去避一避；太阳晒得难受了，也可以进去歇一歇，喘口气儿。

鲁班给老百姓解决了一个难题，大伙儿都挺感激他。

但是鲁班自己很不满意。他想，要是雨下个不停，那该怎么办呢？人总不能老蹲在亭子里不走啊。除非把亭子做得又轻又小，可以带在身上，问题才能解决。可是怎么能把亭子做得又轻又小呢？

为了这事儿，鲁班伤透了脑筋。一天，鲁班在家里干活，天气热得要命，他全身都湿透了。他突然看见许多小孩子在荷花池边玩儿，他们每人摘了一张荷叶，倒过来顶在脑袋上。鲁班觉得挺好玩儿，就问他们："你们这是在干什么呀？"小孩子们七嘴八舌地说了起来："太阳那么大，顶着荷叶，可以挡挡太阳啊。"

鲁班捡起一张荷叶，仔细瞧了又瞧，荷叶圆圆的，罩在头上，又轻又凉快。他突然心里一动，对，是个好办法！他赶紧跑回家去，找了一根竹子，劈成许多细细的条，按荷叶的样子做了个架子；又找了一块羊皮，把它剪得圆圆的，缝在竹架子上。反复试了几次之后，他拿着自己的新发明跑到妻子面前，对她说："你快试试，以后出门去带着它，就不怕雨淋太阳晒了。"

鲁班的妻子瞧了瞧，又想了想，说："不错是不错，但雨停了以后还拿着这个走路，就不方便了。要是能把它收起来，那才好呢！"

"对，对！"鲁班听了很高兴，就跟妻子一起动手，把那个东西稍微改造了一下，改成了可以活动的。用的时候，就把它撑开；用不着时，就把它收起来。那是什么呀？就是咱们今天用的伞。

二、生词

1. 建筑师	n.	jiànzhùshī	architect	
2. 发明	n./ v.	fāmíng	invent,invention	乙
发明家	n.	fāmíngjiā	inventor	
3. 木匠	n.	mùjiang	carpenter	丁
4. 手艺	n.	shǒuyì	craft, workmanship	丁
5. 用心	v.o.	yòng xīn	diligently, attentively	丙
6. 善于	v.	shànyú	be good at, specialized in	乙
7. 脑筋	n.	nǎojīn	brains, mind,thinking	丙
8. 盯	v.	dīng	stare, gaze, fix one's eyes	丙
9. 模型	n.	móxíng	model, pattern	丙
10. 柱子	n.	zhùzi	post, pillar	丙
11. 亭子	n.	tíngzi	pavilion, kiosk	丙
12. 避	v.	bì	avoid, prevent, keep away	乙
13. 隔	v.	gé	separate, be at a distance from	乙
14. 一连	adv.	yìlián	in a row, in succession	丙

15. 老百姓	n.	lǎobǎixìng	civilian, the (ordinary) people	乙
16. 难题	n.	nántí	problem, knotty point	丙
17. 大伙儿	pr.	dàhuǒr	everybody, we all, you all	乙
18. 除非	conj.	chúfēi	only if, unless	丙
19. 透	adj.	tòu	thoroughly, clearly, completely, to the extreme	乙
20. 荷花	n.	héhuā	lotus	丁
21. 池	n.	chí	pool, pond	丙
22. 七嘴八舌		qī zuǐ bā shé	all talking at same time	丁
23. 罩	v./ n.	zhào	cover, shade; hood	丙
24. 劈	v.	pī	split, cleave	丁
25. 按	prep.	àn	according to, in accordance with	乙
26. 缝	v.	féng	sew, stitch, seam	丙
27. 反复	adv./ n.	fǎnfù	repeatedly; relapse	乙
28. 之后	n.	zhīhòu	later, after	乙
29. 稍微	adv.	shāowēi	a little, a bit, slightly	乙
30. 改造	v.	gǎizào	transform, remould	乙

专名

鲁班	Lǔ Bān	*name of a person* (the mast carpenter)

本课新字

匠 筋 盯 型 柱 亭 透 荷 舌 罩
劈 缝 稍

三、注 释

（一）没几年，就学会了盖房子的技术

“没+时间词”表示时间很短。如：

The structure “没 + time word” means a short period. For example:

（1）他出差了，没两天就回来。

（2）张经理刚坐下没三分钟就走了。

（二）鲁班动起脑筋来

“动脑筋”的意思是努力地想办法，而“伤脑筋”的意思是某人或某事让人觉得不太容易解决。如：

The phrase 动脑筋 means to try one’s best to think out a solution, while 伤脑筋 means that somebody or something is not so easy to deal with. For example:

（1）要想学会开车，不动脑筋不行。

（2）孩子总是不听话，让她伤透了脑筋。

（三）小孩子们七嘴八舌地说了起来

“七嘴八舌”形容人多嘴杂，说个不停的样子。一般用在动词前做状语，不单独做谓语。

The expression 七嘴八舌 describes a lively discussion with everybody trying to get in a word in. Usually it is used as an adverbial before a verb. It cannot act as a predicate alone.

四、语 法

(一) 建筑师和发明家

"家"、"师"是名词词缀，用在某些动词或名词后组成名词，"～家"指的是掌握某种专门学识或从事某种专门活动的人，一般在此领域非常专业或有名。如：

The words 家 and 师 are the suffix of nouns, which are used after some verbs or nouns to form nouns. The expression with 家 refers to somebody mastering a special knowledge or doing some special work. Usually they are well-known in their fields or good at their majors. For example:

专家　画家　艺术家　科学家　物理学家　政治家

"～师"指的是掌握某种专门技术的人。如：

The expression with 师 refers to those who master a special kind of skill. For example:

工程师　摄影师　药剂师　理发师　美容师

(二) V＋个＋动／形

"个"用在动词和补语之间，其作用跟"得"相近。用在"个"前的动词一般是单音节动词，而"个"后的补语一般为双音节。如：

The word 个 is used between a verb and a complement. It plays the same role as 得. Usually only single-syllable words are used before 个, while double-syllalbe words are often used after it. For example:

(1) 这小孩儿怎么一直笑个不停？

(2) 这事儿我得问个明白。

(3) 等放寒假的时候，我们一起去玩儿个痛快。

(三) V了又V

表示动作重复了很多次。如：

This structure expresses the meaning of repeating an action several times. For example:

(1) 他不放心，看了又看，直到确定一个人也没有才走了出去。

(2) 临出门前，我检查了又检查，可最后还是把手机忘在家里了。

五、重点词语

(一) 善于 be good at

[动] 在某个方面有特长，做某事做得很好。如：

[v.] be good at something or doing something. For example:

(1) 他很善于跟别人打交道。

(2) 人类善于利用工具。

(二) 一连 one by one, continuously

[副] 表示同一动作、同一情况接连发生，后面常与数量短语配合使用。

[adv.] It refers to a same action or situation takes place one by one. It is often combined with quantity phrases.

1. 一连+动词+数量短语+名词。如：

一连+ verb + quantity phrases + nouns. For example:

(1) 老师一连问了七八个同学，可没一个人能回答。

(2) 他快渴死了，一回到家，就一连喝了四五杯水。

（3）那里一连下了三天大雪。

2. 一连+时量短语+动词+名词。如：

一连+time phrases+verbs+nouns. For example:

（1）这儿已经一连三年没下过一滴雨了。

（2）妈妈担心得一连几天没睡着觉。

（三）除非 unless, only if

[连] 强调某条件是某结果的唯一条件。

[conj.] It emphasizes that a certain condition is the only one causing some results.

1. “除非……才……”，表示一定要这样，才能产生某结果。如：

The expression 除非……才…… means that a certain result can be reached only by doing in this way. For example:

（1）会议还有十分钟就结束了，除非你飞过来，才能赶得上。

（2）除非下面的比赛每场都赢，他们才能进入决赛。

（3）除非做手术，才能彻底治好他的病。

2. “除非……否则……”，表示一定要这样，如果不这样的话，会得到另一种结果。如：

The expression 除非……否则…… means something must be done in this way, otherwise, it would cause another result. For example:

（1）除非他也去，否则我是不会去的。

（2）除非他亲自来跟我说对不起，否则我不会原谅他的。

3. “（如果）想/要……除非……，”表示想要得到某种结果，一定要这样。如：

The expression （如果）想 / 要……除非…… means that something must be done in this way if one wants to get this kind of result. For example:

（1）你想要跟她结婚，除非我死了！

（2）如果想别人不知道，除非你根本没做过。（要想人不知，除非己莫为）

（四）透　thoroughly, completely

1.［形］表示彻底的意思，多用于结果补语。如：

[adj.] It means completeness, which is mainly used as a result complement. For example:

（1）他全身都被雨淋透了。

（2）天已经黑透了。

2.［形］表示透彻、清楚的意思，多用于结果补语或可能补语。如：

[adj.] It means thorough and clear, which is mainly used as a result complement or a possibility one. For example:

（1）他的心思我已经摸透了。

（2）谁都猜不透老太太到底在想些什么。

3.［形］表示程度非常深，多用在消极意义的词后面，之后必须带"了"。如：

[adj.] It means "to a very deep degree", and is mainly used after a negative word. It must be followed by 了. For example:

（1）我的心情糟透了。

（2）这话伤透了妈妈的心。

（3）那个人真是坏透了。

（五）按　according to

[副] 表示遵从某种条件、规定或标准。如：

[adv.] It means according to some conditions, regulations or standards. For example:

（1）按这里的风俗，新婚第三天新娘要回娘家。

（2）我们按原来的计划完成了任务。

（3）按规定，一米一以上的孩子乘车就要买全票。

（4）所有人按个子的高矮排好了队。

注意　Note:

“按照”和“按”，两者的意义和用法基本相同，所不同的是，“按”后面可以加单音节名词，而“按照”不可以。如：

The two expressions 按照 and 按 have nearly the same meaning and usage. The difference is that 按 can be followed by a single-syllable noun while 按照 cannot. For example:

这个工作一定要按期完成。

*这个工作一定要按照期限完成。

（六）稍微　a little

［副］表示数量少或程度浅。

[adv.] It means little amount or low degree.

1. 稍微+动词。动词常常重叠，或动词后有“一下”、“一点”、“一些”、“一会儿”等数量补语。如：

In this structure of 稍微+ verb, the verb is usually geminated, or is followed by some quantity complement such as 一下, 一点, 一些, 一会儿 and so on. For example:

（1）这些水果挺干净的，稍微洗洗就能吃。

（2）请您稍微等一下。

（3）他受了很重的伤，稍微动一动就全身疼。

（4）别担心，我稍微休息一会儿就好了。

2. 稍微+形容词＋一点儿／一些。如：

稍微+ adj. ＋一点儿／一些 (a little). For example:

（1）哥哥比弟弟稍微高一点儿。

（2）这张照片有点儿暗，稍微亮一些就好了。

（3）这件衣服稍微大了一点儿。

3. 稍微+有点儿+动词／形容词。如：

稍微+有点儿 (some) ＋ v.／adj.. For example:

（1）今天稍微有点儿冷。

（2）刚换了个新环境，稍微有点儿不习惯。

六、练习

（一）朗读短语

用心读书	用心学习	善于思考	善于交流	科学家
艺术家	设计师	隔两米	隔一段时间	按期完成
按规定做事	数个没完	玩儿个高兴	反复练习	反复试了试
商量了又商量	想了又想	一连一个月	一连看了三本	
稍微等一下	稍微有点儿冷	糟糕透了	红透了	

（二）选词填空

发明　善于　盯　透　隔　面前　稍微　除非　一连　反复

1. 今天早上被警察开罚单，到了公司又被老板骂，真是倒霉______了。
2. 夫妻俩虽然天天见面，他们之间却______着一堵看不见的墙。
3. 我都跟你______说了多少遍了，你怎么还能忘？
4. 你把画儿挂得太高了，______往下一点儿就好了。
5. 已经______吃了一个星期面条了，今天咱们换换口味吧。
6. 爱迪生是个伟大的______家，电灯、电话、电影都是他______的。
7. ______有急事，否则老张一般都是骑自行车来上班。
8. 突然，一辆小汽车缓缓停在了我们______。
9. 他妻子很有本事，非常______花小钱办大事。
10. 好好吃你的饭，别总把眼睛______在电视上。

（三）从括号中选择合适的词语填空

1. 电脑是20世纪最伟大的______之一。　（发明　发现）
2. 我______了一个能买到便宜机票的地方。　（发明　发现）
3. ______听话的孩子才能得到小红花。　（除非　只有）

4. 想要我唱歌，______你先唱一首。　(除非　只有)
5. 这花儿漂亮是漂亮，就是贵了______。　(稍微　一点儿)
6. 只要你们平时认真听课，考试前______准备准备就可以了。　(稍微　一点儿)
7. 这个孩子一点儿也不听话，让父母伤透了______。　(脑袋　脑筋)
8. 他的______里有许多奇奇怪怪的想法。　(脑袋　脑筋)

(四) 根据课文回答问题

1. 鲁班有什么手艺？他跟谁学的？
2. 鲁班为什么一有时间就盯着房子模型看？
3. 什么是亭子？为什么鲁班要造亭子？
4. 造好亭子以后，他还在考虑什么事情？
5. 小孩子们为什么把荷叶顶在脑袋上？
6. 鲁班从荷叶想到了什么？
7. 妻子给了鲁班什么建议？
8. 请你说一说鲁班发明的伞是什么样子的。

(五) 用所给词语改写句子

1. 我每两天去一次超市。(隔)

____

2. 他的衣服全都湿了。(透)

____

3. 我们公司每个星期发工资。(按)

____

4. 要想按时完成这项工作，只有今天晚上加班才行。(除非)

____

5. 她考虑了很长时间，最后才决定买那台黑色的。(V了又V)

____

6. 我看了好几遍，还是没记住。（反复）

____

（六）用所给词语完成句子

1. 王明最近在做什么？____________________。（一连）
2. ____________________，每个职员每年都有10天的年假。（按）
3. 他____________________，还是不知道选哪个好。（V了又V）
4. 周末的时候当然在家休息，____________________。（除非）
5. 我得去医院看看，____________________。（老）
6. 为了表演能够取得成功，____________________。（反复）
7. 我家住5号楼，他家住9号楼，____________________。（隔）
8. 一想到他走了就再也不回来了，____________________。（难受）

（七）改错句

1. 今天的雪下个很大。

____

2. 他抽了一连三支烟。

____

3. 南方最近稍微一点儿冷。

____

4. 除非提前预订，这个餐厅没有空位子。

____

5 你真是懒得透了，都十点了还不起床。

____

6. 他善于说汉语。

____

（八）选择合适的词语

在有些饭店吃饭时，每位客人都会有一条餐巾。但是＿＿1＿＿情况下，餐巾放在胸前贴不住，放在腿上又很容易掉到地上，起不到＿＿2＿＿衣服的作用，＿＿3＿＿很多人只好将餐巾放到桌子上，用盘子压住，或者＿＿4＿＿不用。看到这种情况，青岛东来顺饭店特地在每块餐巾的一个角＿＿5＿＿挖一个孔（kǒng, hole），这样就可以把餐巾＿＿6＿＿在衣服的扣子上。而且＿＿7＿＿季节的不同，孔的大小也会有所区别，非常实用，＿＿8＿＿了顾客。

1. A. 经常	B. 常常	C. 通常	D. 平常
2. A. 保护	B. 保卫	C. 保持	D. 保存
3. A. 因为	B. 但是	C. 因而	D. 然而
4. A. 竟然	B. 干脆	C. 到底	D. 偶尔
5. A. 中	B. 里	C. 内	D. 上
6. A. 缝	B. 穿	C. 戴	D. 扣
7. A. 根据	B. 通过	C. 由于	D. 除非
8. A. 照顾	B. 方便	C. 帮忙	D. 适合

（九）阅读理解

你知道吗？生活中只要稍微有一点儿时间观念，就可以获得很好的养生（yǎng shēng preserve one's health）效果。

饿前吃：生活中许多人不按时吃饭，而且有相当一部分人不吃早餐，其理由之一就是"不饿"。其实，食物在胃内仅停留4~5小时,感到饥饿时胃早就已经空了。长期这样下去，很容易引起胃病。按时吃饭是养生保健的基础之一。

渴前喝：平时不喝水、口渴时才喝的人相当多。其实，他们不了解口渴了是体内缺（quē lack）水的反应，这时再补水已经晚了。水对人体的作用比食物还重要，每个成年人每天需要喝1500毫升（háoshēng milliliter）水。早晨或饭前一小时喝杯水对身体非常有好处，既可清洗肠胃（chángwèi intestines and stomach），又有助于消化（xiāohuà digest）。

困前睡：困是大脑相当疲劳的表现，不应该等到这时才去睡觉。按时睡觉不仅可以保护大脑，还能提高睡眠质量，减少失眠。人的一生约有1/3的时间是在睡眠中度过的，睡眠是人体重要的新陈代谢（xīn chén dàixiè metabolism）过程，应该养成定时睡觉的习惯，保证每天睡眠时间不少于7小时。

胖前减：随着生活水平的提高，肥胖患者越来越多。肥胖的原因主要是吃得太多、营养过剩、缺乏运动。而这些完全可以在体重超过标准之前加以预防（yùfáng prevent），如控制饮食、多运动等。目前市场上还没有理想的减肥药，因此，减肥不如预防肥胖。

根据短文内容，选择正确答案

1. 根据短文，什么时候吃东西比较合适？（　　）

   A. 感觉饿以前就吃　　B. 感觉饿的时候马上吃

   C. 感觉饿以后再等一段时间再吃　　D. 什么时候都可以

2. 关于喝水，下面说法正确的是（　　）

   A. 只要不渴，就可以不用喝水

   B. 对于人体来说，喝水跟食物一样重要

   C. 口渴时喝水已经太晚了

   D. 饭后喝水可以帮助消化

3. 关于睡眠，下面说法错误的是（　　）

   A. 困是大脑疲劳的表现，应该困以前就去睡

   B. 按时睡觉可以减少失眠

   C. 人的一生中大概有三分之一的时间在睡觉

   D. 每天睡7个小时就足够了

4. 下面哪一个不是肥胖患者越来越多的原因？（　　）

   A. 吃得太多　　B. 很少运动

   C. 营养过剩　　D. 减肥药不理想

（十）写作

你知道什么发明小故事？请自拟题目，从给出的 15 个词语中选择 8~10 个写一篇作文，字数在 300 字左右。

发明　善于　除非　老　白　造　按　稍微　改造　方便　V+透
反复　脑筋　动手　模型

本课听说生词

New words in listening exercises

厂家	课外	读物	散	花匠	老鼠	拖	风筝
军事	传播	闪电	乌龟	兔子	胡子	灵感	废品
回收	跑步机	车祸	核	发电	完美	缺陷	

第六十五课　父与子

重点词语与句型：

1. 总算

　他总算开了口。

2. 差点儿

　差点儿把桌子上的茶杯震翻了。

3. 偏

　偏看上了一个比他大三岁、结过婚的女人。

4. 就算……也……

　就算是大十三岁，也要跟她结婚。

5. 千万

　千万别把身子气坏了。

6. 再说

　再说，年轻人嘛，一时冲动也是有可能的。

7. 何必

　何必搞成这个样子呢？

8. 绝对

　我是绝对不会同意的！

功能项目：

两代人的关系

一、课　文

一天，我去老朋友老张家找他下棋。刚走到他们家门口，就听见里面传来激烈的争吵声。正当我犹豫要不要敲门时，门一下子被拉开了，老张的儿子一脸怒气地走了出来。他看见我，愣了一下，脸上勉强挤出一个笑容，叫了一声“吴叔叔”，就头也不回地走了。我走进屋子，老张坐在沙发上，同样是满脸怒气；老张的妻子坐在一旁抹眼泪。

“这是怎么了？”我问。老张长长地叹了一口气，之后好久没再说一个字。这实在有些反常。在我们这个圈子里，谁都知道老张有个聪明、懂事、孝顺的儿子。去年从国外一所名牌大学毕业以后，为了多一些时间陪父亲，他回到了本城工作。他工作能力强，又努力，很快得到了老板的欣赏，升职、加薪，一切顺利得就像演电影一样。每次老张在提到他儿子时脸上流露出来的骄傲，都让我们这帮老伙计又羡慕又嫉妒。

“到底发生什么事儿了？”在我的再三追问下，他总算开了口：

“他要结婚！”

“这不是喜事儿吗?”如果我没记错的话，前段时间老张还托我给他儿子介绍女朋友呢。

没想到，我这句话把他惹火了。他猛地一拍桌子，差点儿把桌子上的茶杯震翻了。“喜什么呀?差点儿没把我气死。”老头儿气得发抖，“我们给他介绍了那么多好姑娘他都看不上，却偏看上了一个比他大三岁、结过婚的女人，还带着一个孩子!你猜他说什么?第一眼见到她，就觉得她就是他要找的女人，别说大三岁，就算是大十三岁，也要跟她结婚!你听听!唉……”

我赶紧劝老张：“别生气了，你心脏不好，千万别把身子气坏了。再说，年轻人嘛，一时冲动也是有可能的。不要逼他，给他点儿时间，他会想清楚的，何必搞成这个样子呢?”

其实，我了解老张的儿子，那是个成熟、独立、有思想的年轻人，一般女孩子他都不放在心上。他这么说，证明他一定真心爱上了这个女人。但我心里也清楚，这样的婚姻对于保守的老张夫妇来说，一定是无法接受的。

这时，老张的妻子走过来给我倒了杯茶。看到她，我突然想到起了一些事。于是我说：“老张，嫂子比你小七岁还是八岁啊，当年你们成家的时候，嫂子也没嫌弃你结过婚、还比她大那么多……”

"你提这个干什么！"他还没等我说完就打断了我，情绪很激动："这能一样吗？根本就不一样！"过了一会儿，又说："反正我是绝不会同意的！"

我沉默了，这到底一样不一样呢？我也在思考着。

二、生词

1. 里面	n.	lǐmiàn	inside, interior, in, within	乙
2. 正当	v.	zhèngdāng	just when, just as, just the time for	丙
3. 怒气	n.	nùqì	anger, rage, fury indignation	乙
4. 愣	v.	lèng	dumbfound	乙
5. 一旁	n.	yìpáng	one side, a side	丙
6. 抹	v.	mǒ	wipe	丙
7. 叹	v.	tàn	sigh	丁
8. 反常	adj.	fǎncháng	unusual, abnormal, perverse	丁
9. 圈子	n.	quānzi	circle, ring; clique, frame, group	丁
10. 孝顺	v.	xiàoshùn	filial piety	丁
11. 名牌	n.	míngpái	famous brand; nameplate	丁
12. 薪	n.	xīn	salary; firewood	
13. 演	v.	yǎn	perform, play, act; exert	乙

14. 流露	v.	liúlù	reveal, betray, show unintentionly	丁
15. 伙计	n.	huǒji	partner, business associate	丁
16. 嫉妒	v.	jídù	be jealous of, envy, envious	丁
17. 追问	v.	zhuīwèn	question closely, make a detailed inquiry, examine minutely	丁
18. 总算	adv.	zǒngsuàn	at long last, finally	丙
19. 猛	adv.	měng	suddenly, abruptly	丙
20. 差点儿	adv.	chàdiǎnr	nearly, almost	乙
21. 震	v.	zhèn	shake, shock, vibrate	丙
22. 老头儿	n.	lǎotóur	old man, old chap, oldfellow, geezer	乙
23. 偏	adv.	piān	wilfully, insistently	乙
24. 就算	conj.	jiùsuàn	even if, granted	丁
25. 千万	adv.	qiānwàn	be sure to, must	乙
26. 身子	n.	shēnzi	body, figure; health; pregnancy	乙
27. 再说	conj.	zàishuō	what's more, furthermore, besides	丙
28. 冲动	n./ adj.	chōngdòng	actuation, impulsion; get excited, be impetuous	乙
29. 逼	v.	bī	close to, press on toward, advance on; compel, force	乙
30. 何必	adv.	hébì	there is no need, why	丙
31. 成熟	adj./ v.	chéngshú	mature, ripe; maturate	乙
32. 独立	adj./ v.	dúlì	independent; (of a nation or government) become independent;	

			become independent or separate from an organization	乙
33. 思想	n.	sīxiǎng	thought, thinking, ideology; idea, intention	甲
34. 保守	adj.	bǎoshǒu	conservative	丙
35. 夫妇	n.	fūfù	husband and wife, married couple	丁
36. 嫂子	n.	sǎozi	elder brother's wife, elder sister-in-law	乙
37. 成家	v.o.	chéng jiā	(of a man) get married	
38. 嫌弃	v.	xiánqì	dislike and avoid, cold-shoulder, antipathy, disfavour	
39. 情绪	n.	qíngxù	emotions, feelings, mood; depression, sullenness	乙
40. 沉默	adj.	chénmò	quiet, reticent, silent	乙

专名

吴	Wú	a surname

本课新字

愣 抹 叹 孝 薪 嫉 妒 猛 逼 嫂

嫌 绪 沉

三、重点词语与句型

（一）总算　at long last, finally

1. [副] 表示经过了一段时间或者经过不断努力之后，愿望终于达成。如：

[adv.] It means to realize one's will finally after a period of time or by one's continuous effects. For example:

(1) 做了三次大手术，她的病总算治好了。

(2) 下了好几天雨了，今天总算晴了。

(3) 我哄了她半天，她总算不生气了。

2. [副] 表示勉强可以算得上。如：

[adv.] It means after all, almost. For example:

(1) 车虽然不是好车，但也总算有了自己的车了。

(2) 虽然没有预想的好，也总算不错了。

（二）差点儿　nearly, almost

[副] 表示某种事情接近实现而没有实现。修饰动词或动词短语。

[adv.] It implies that something is almost realized but not. It is used to modify verbs or verb phrases.

1. "差点儿+说话人不希望发生的事情"，意思为该事情接近发生而没有发生，如：

The expression "差点儿+ something that the narrator doesn't want to occur", it means that this kind of situation nearly took place but actually didn't take place. For example:

(1) 爷爷听了，差点儿气死。（没气死）

(2) 路怎么这么滑？我刚才差点儿摔倒了。（没摔倒）

(3) 我一走神儿，差点儿跟前面的车撞上。（没撞上）

2. "差点儿+没+说话人不希望发生的事情"，意思也是该事情接近发生而没有发生，即：当事情是说话人不希望发生的时候，“差点儿+V=差点儿+没+V”。如：

The expression “差点儿+没+something that the narrator doesn’t want it to occur”, means that this kind of situation nearly took place but actually didn’t, i.e. when the situation was what the narrator does not want to take place, 差点儿+V=差点儿+没+V. For example:

(1) 爷爷听了，差点儿没气死。（没气死）

(2) 路怎么这么滑？我刚才差点儿没摔倒。（没摔倒）

(3) 我一走神儿，差点儿没跟前面的车撞上。（没撞上）

3. “差点儿+说话人希望发生的事情”，意思为该事情接近发生而没有发生，有惋惜的意味，常常与“就”搭配使用。如：

The expression “差点儿+ something that the narrator wants to occur”, it means that this kind of situation nearly took place but actually didn’t take place. It implies the tone of sympathy, which is often combined with 就. For example:

(1) 昨天跟北京队的比赛差点儿就赢了。（没赢）

(2) 真可惜，差一点儿就及格了。（没及格）

(3) 他差点儿就成为明星了。（没成为明星）

4. “差点儿+没+说话人希望发生的事情”，意思是该事情接近不能实现而勉强实现。如：

The expression “差点儿+没+ something that the narrator wants to occur”, it means that this kind of situation almost could not take place but actually it did take place. For example:

(1) 我排了三个小时的队，还差点儿没买到票。（买到了）

(2) 时间太紧张了，他差点儿没做完。（做完了）

(3) 几年不见，他变化很大，我差点儿没认出他来。（认出他来了）

（三）偏　wilfully, insistently

[副] 表示故意跟外来要求或客观情况相反，常用于句子的第二小句。如：

[adv.] It means to do something purposely opposite to the external requirement or the objective situation. It is often used in the second clause. For example:

（1）你不让我去，我偏要去。

（2）我都跟他说了多少次了，要按时吃药，可他偏不听。

（3）我很想去南方，可经理偏派我去北方。

注意　Note：

"偏"和"偏偏"都表示主观情况和客观事实相反，但是"偏"侧重于故意与外来要求或客观情况相反，而"偏偏"则侧重于客观情况与主观愿望相反。如：

Both 偏 and 偏偏 refer to that the subjective situation is opposite to the objective fact, however, 偏 focuses on "purposely" doing something opposite to the external requirement or objective situation, while 偏偏 focuses on the objective situation is opposite to one's subjective wish. For example:

（1）雨下得这么大，可他偏要出去。

（2）他正要出门，可天偏偏下起雨来了。

（四）就算……也……　even if, granted

表示让步假设关系，即"即使……也……"。

It refers to a kind of concession relation, meaning even if.

1. 意思为前一分句情况不是真实的情况，即使这种不可能的情况发生，后一分句的情况都不会改变。多用于口语。如：

It implies that what is described in the first clause is not truth. Even this kind of situation really happened, the situation in the second clause would not change. It is mainly used in spoken Chinese. For example:

（1）就算我死了，我也不会同意你跟她结婚。

（2）你就算哭三天三夜，也感动不了他。

2. "就算……也"既可以连接两个分句，也可以分别放在单句的主语和谓语之前表示强调。如：

The phrase can not noly connect two clauses, but also be placed before the subject and the predicate of a simple sentence for emphasizing. For example:

(1) 就算刘翔也跑不了那么快。

(2) 他们兄弟俩长得太像了，就算他们的父母也分不清楚。

（五）千万　be sure to, must

[副] 一定、务必，表示恳切的嘱咐。一般用于祈使句。如：

[adv.] must, have to. It means to urge sincerely, which is usually used in an imperative sentence. For example:

(1) 你一个人出门在外，千万要小心。

(2) 你一定得记住了，千万别忘了。

(3) 那是别人乱说的，你千万别相信。

注意　Note:

"千万"虽然在肯定句中和在否定句中都可以使用，但否定句用得多，肯定句用得少。在否定句中，常和"别"、"不要"、"不能"、"不可"搭配使用；在肯定句中，常跟助动词"要"连用。

The phrase 千万 can be used both in an affirmative sentence or a negative one, but used more in a negative sentence than in an affirmative one. In a negative sentence, this phrase is often combined with 别, 不要, 不能, 不可 and so on; in an affirmative sentence, it is often combined with the auxiliary 要.

（六）再说　what' more, furthermore, besides

[连] 表示递进关系，前一小句已经举出理由，后一小句用"再说"追加其他理由。如：

[conj.] It refers to progressive relations. Causes are given in the first clause while the other reasons are added in the second clause by the phrases 再说. For example:

(1) 我最近没时间，再说我也不爱看电影，这张票就送给你吧。

（2）天气这么好，再说你也没什么事，就出来跟我们一起玩儿吧。

（3）那套房子离学校比较远，再说价格也不便宜，我就没继续问。

（七）何必　there is no need, why

［副］"为什么一定要"的意思，反问语气，表示"不必"。

[adv] It means "why must so", with a tone of rethorical quesiton, meaning unnecessary.

1. 何必+动词短语/形容词短语

何必+verb phrases/adjective phrases

（1）我只不过随便说说，你何必生那么大的气呢？

（2）门口就有超市，何必跑那么远？

（3）找个人帮忙不就行了？何必那么辛苦呢？

2. 何必+呢？

（1）一点点小事就哭，何必呢？

（2）何必呢？他又不是故意的。

（八）绝对　absolute, absolutely

1. ［形］表示"无条件的，不受任何限制的，完全"的意思，常用做定语或谓语。如：

[adj.] It means without any conditions or restrictions, completely. It often used as an attributive or a predicate. For example:

（1）这是一条绝对的真理。

（2）你说没有人能做出这道题，这话说得太绝对了。

2. ［副］表示"肯定、坚信"的意思。如：

[adv.] It means affirmation and conviction. For example:

（1）你绝对不要告诉第二个人。

（2）这部电影绝对值得一看。

（3）这绝对是个误会。

四、练　习

(一) 朗读短语

总算到家了　总算没白说　总算想通了　千万别去那儿

千万要记住　千万不能忘记　偏不告诉你　偏从那儿走

绝对正确　绝对会来　绝对有好处　何必这样说　何必打他

差点儿气死　差一点儿就过去了　差点儿没摔倒　差点儿没赶上

(二) 选词填空

偏	差点儿	总算	就算	再说	没准儿	千万
绝对	何必	证明				

1. 去机场的路上碰上堵车，我________没赶上飞机。
2. 这个世界上没有________的自由。
3. 你再找找，不可能丢，________被你忘在会议室了。
4. 不是还有半天的时间吗？________急成这样？
5. 等会儿开会的时候，你可________不要乱讲话。
6. 我昨天晚上一直跟他在一起，我可以________这件事不是他干的。
7. 别人都想去大城市工作，她________要去一个小城市。
8. 时间不早了，________你身体也不舒服，你还是早点休息吧。
9. 他说这些话都是为了你好，________说错了，你也不该发那么大的脾气。
10. 他一连加了三天的班，________准时把计划写出来了。

(三) 根据课文回答问题

1. 老张为什么会生气？

2. 老张的儿子是一个什么样的人？
3. 老张儿子的女朋友是什么情况？
4. 你同意老张儿子的想法吗？为什么？

（四）用括号所给的词语改写句子

1. 他身体不好，你一定不要惹他生气。（千万）

____

2. 公共汽车上太挤了，没有坐的地方，也没有站的地方。（别说）

____

3. 这项运动非常危险，可是很多人喜欢玩儿。（偏）

____

4. 坐了几十个小时的火车，终于到家了。（总算）

____

5. 辞职的事情你再考虑考虑，现在这个工作又轻松，工资又高，而且你不一定能找到更好的工作。（再说）

____

（五）选择合适的位置

1. A 他 B 没告诉你，C 你自己 D 也总该问问吧。（就算）
2. 你 A 不知道 B 这份资料 C 有多重要吗 D？（难道）
3. A 他已经 B 不 C 认识我 D 了。（没准儿）
4. 你 A 说的 B 是不是 C 真的 D？（到底）
5. A 他们俩 B 辛苦了十年，C 把钱 D 还清了。（总算）
6. A 出差 B 花的费用都由 C 公司 D 负担。（所）
7. A 他 B 算准了 C 我会 D 再回来找他。（似乎）
8. A 人们 B 会 C 想这样一个 D 问题。（不禁）

（六）用所给词语完成句子

1. 为了孩子，________________，她也不在乎。（就算）
2. 如果拿错了麻烦就大了，所以________________。（千万）
3. 那个骗子说得跟真的一样，________________。（差点儿）
4. 公司已经为你安排好了宾馆，________________。（何必）
5. 我忙得连吃饭的时间都没有，________________。（别说）
6. 五一的时候我哪儿也不去，到处都是人，____________。（再说）
7. 房子虽然不大，____________。（总算）
8. 他今天想早点儿回家，____________________。（偏）

（七）改错句

1. 别说是感冒，虽然是癌症，我也能治。

____

2. 她变了好多，我差点儿不认识她。

____

3. 他终忍不住了，说出了真话。

____

4. 你放心吧，他千万会来的。

____

5. 这儿离家也不远，我再说吃得太饱了，咱们还是走回去吧。

____

6. 他想当足球运动员，可他父母绝对反对。

____

(八) 选择正确答案

下面每个句子中都有一个画线的词语，请在 ABCD 中选择一个意思最接近的。

1. 能是一种独居动物。（　　）
   A. 孤独　　B. 单独　　C. 唯一　　D. 一起
2. 事实就摆在眼前，他无话可说。（　　）
   A. 不想说话　　B. 说不出话　　C. 可以说话　　D. 可能要说话
3. 他鼓起勇气走到了舞台中间。（　　）
   A. 敲　　B. 提　　C. 鼓舞　　D. 鼓励
4. 他的愿望是长大做一名面包师。（　　）
   A. 教做面包的老师　　B. 做面包的师傅
   C. 像面包一样的师傅　　D. 卖面包的师傅
5. 他一听这话，一下子就火了。（　　）
   A. 红火　　B. 火热　　C. 发火　　D. 着火
6. 这一顿吃得太多，有点儿撑着了。（　　）
   A. 太饱　　B. 太累　　C. 支撑　　D. 打开
7. 我们可是多少年的老朋友了。（　　）
   A. 年纪大　　B. 时间长　　C. 一直　　D. 常常
8. 当到达一定的温度，雪就会融化。（　　）
   A. 肯定　　B. 某种　　C. 一些　　D. 固定的

(九) 综合填空

春天来了，慢跑的人开始变得多___1___了。你是不是也觉得心动了？根据一项调查，超过60%的人开始运动的第一___2___就是买一双新的运动鞋。不过，你知道怎么选一双最适合你的鞋子吗？___3___是“医生网”给出的几点建议：

一、___4___你的脚。没有两个人的脚是完全一样的。除了大小和肥瘦，鞋底对脚的支撑作用也非常重要。看一看穿旧的鞋子，你就能知道什么样的鞋子更适合你。

二、晚一点，再晚一点。你的脚晚上会比早上的时候＿＿5＿＿大一点，如果你需要一双舒服的鞋，应该在你脚最大的时候去买，＿＿6＿＿不是正好相反。

三、没有"穿穿就舒服了"这＿＿7＿＿事。最适合你的鞋子一定是一上脚就非常舒服的那一双。

四、带＿＿8＿＿你自己的袜子。

1. A. 出来	B. 起来	C. 上来	D. 下来
2. A. 步	B. 件	C. 次	D. 回
3. A. 下面	B. 以后	C. 那些	D. 之后
4. A. 知道	B. 理解	C. 了解	D. 懂得
5. A. 有点儿	B. 稍微	C. 特别	D. 很
6. A. 却	B. 而	C. 倒	D. 但
7. A. 次	B. 码	C. 件	D. 趟
8. A. 上	B. 走	C. 来	D. 回

（十）阅读理解

上世纪70年代末，中国开始实行计划生育政策。由于这些独生子女在成长中表现得"非常自我、追求享受、害怕吃苦"，社会给他们戴上了"小皇帝"、"小公主（gōngzhǔ princess）"的帽子。如今，第一代"小皇帝"们开始进入结婚年龄了。他们正在用自己的方式令中国传统的婚姻观念悄悄改变。

在中国传统观念中，结婚生子是每个人必须要完成的责任和义务。而这一代独生子女越来越不认同这一观念。在他们看来，婚姻就是一种生活方式的选择，他们可以根据自己的经济能力、感情需要等选择自己的另一半与结婚的时间。有一部分年轻人甚至选择不结婚。

在一般人看来，中国的年青一代思想开放（kāifàng open），在感情方面比前几代人更加大胆、早熟。但是真谈到结婚，他们又非常谨慎（jǐnshèn cautious）。他们认为婚姻在一定程度上是一种束缚（shùfù bondage），因而不愿意太早进入婚姻。另一方面，随着中国经济的发展，建立家庭的费用越来越高，这也是造成年青一代晚婚现象的一个重要原因。

现在，越来越多的家庭是由两个独生子女所组成的。当这些以前的"小皇帝"、"小公主"结婚后，他们发现很多麻烦是他们之前所没有想到的。由于都不会做家务，如何分配家务成为影响婚姻家庭关系的重要因素之一。而且当双方意见不同时，他们往往不能站在对方的角度思考问题。另一方面，由于他们更看重婚姻质量，因而当夫妻关系出现问题时，他们不再像以前的人一样把婚姻凑合着过下去，而是合得来就在一起，合不来就分开。据统计，自 20 世纪 80 年代以来，离婚率不断上升。而 2002 年北京市结婚对数和离婚对数之比竟然已高达二比一，也就是说，有两对申请结婚的，就有一对办理离婚的。

根据短文，选择正确答案

1. 根据文章，开始实行计划生育政策的时间大约是哪一年？（　　）

   A. 1970 年　　B. 1975 年　　C. 1978 年　　D. 1980 年

2. "社会给他们戴上了'小皇帝'、'小公主'的帽子"的意思是什么？（　　）

   A. 大家给了小皇帝、小公主一顶帽子

   B. 人们都给独生子女戴帽子

   C. 人们把独生子女叫做"小皇帝"、"小公主"

   D. 人们把"小皇帝"、"小公主"叫做独生子女

3. 下面哪一个不是年青一代对于婚姻的看法？（　　）

   A. 只是一种生活方式的选择

   B. 应该根据经济能力选择结婚时间

   C. 应该根据感情需要选择结婚对象

D. 是每个人的责任和义务

4. 关于这一代年轻人，下面说法正确的是哪一项？　（　　）

A. 在感情方面比前几代人谨慎

B. 都不愿意结婚

C. 舍得为结婚花很多钱

D. 晚婚现象比较普遍

5. 当夫妻关系出现问题时，为什么现在的年轻人不愿意凑合下去？　（　　）

A. 他们都不会做家务

B. 他们注重婚姻质量

C. 他们不会站在对方角度考虑问题

D. 他们不愿意跟前人一样

文化小贴士 Proverbs

中国五个少数民族自治区
Zhōngguó wǔ ge shǎoshùmínzú zìzhìqū

Five Minoritis and Autonomous Regions in China

西藏自治区　Xīzàng Zìzhìqū
The Xizang Autonomous Region

内蒙古自治区　Nèiménggǔ Zìzhìqū
The Inner Mogonlia Autonomous Region

宁夏回族自治区　Níngxià Huízú Zìzhìqū
The Ningxia Hui Autonomous Region

新疆维吾尔自治区　Xīnjiāng Wéiwú'ěr Zìzhìqū
The Xingjiang Uygur Autonomous Region

广西壮族自治区　Guǎngxī Zhuàngzú Zìzhìqū
Guangxi Zhuang autonomous region

本课听说生词

New words in listening exercises

家长	钢	本科	口红	培训	熬	熬夜	出院
证书	干扰	奖励	欺负	正义	自尊	自信	打架
事件	腹部	吉利	磕头	代沟	耳环	次要	成长
事物	沟通	着想					

第六十六课　意料之外的面试

重点词语与句型

1. 相当

收入也相当不错

2. 以……为……

许多大学生都以能够加入这个企业为荣。

3. 按时

陈晨身着西服按时来到了这家公司的一楼。

4. 稍

请稍等一下。

5. 不时

并不时将电话递给他亲自验证

6. 好

好让保安证明

7. 以

以验证电话那边是否有人接听

8. 是否

以验证电话那边是否有人接听

功能项目：

就业面试

一、课 文

陈晨大学刚毕业，这一天他到一家著名企业去面试，面试通知上清楚地写着：上午八点五十分到公司一楼接待处登记姓名，然后拨通 43246 分机电话，得到允许后，就可以正式面试了。假如迟到，且超过十分钟，一律视为自动放弃。

该公司管理非常严格，并且有着独特的企业文化，自然，收入也相当不错，所以，许多大学生都以能够加入这个企业为荣，陈晨也不例外。

这天早上，陈晨身着西服按时来到了这家公司的一楼，他看见了登记处的指示牌，同时也看见了站在桌旁的保安。

陈晨向保安礼貌地打了个招呼，说明来意后，便拿出了面试通知。保安看完后，就拿起电话，按了几个键，但电话没人接听。保安说，面试人员可能暂时走开了，请稍等一下。陈晨感到有些吃惊，这么大的企业怎么会不遵守约定呢？

时间一分一秒地过去了，陈晨心里很焦急，他让保安再打电话试试。保安接通电话后，依然无人接听。九点钟到了，陈晨心里有些不满。九点零五分了，电话那边还是没人。保安始终都在耐心地帮他打电话，并不时将电话递给他亲自验证，电话确实没有人接听。九点十分了，陈晨感到非常愤怒，一个著名企业怎么能如此不讲信用？即使临时有急事，也该吩咐保安，说明一下情况吧。

按通知上的规定，他已经没有资格参加面试了。陈晨觉得今天错不在自己，他想明天再来。陈晨抄下了保安胸卡上的名字，好让保安证明：他今天是准时来参加面试的。

当天晚上，陈晨收到了这家公司发来的一封电子邮件："陈先生，今天上午九点，我们准时对您进行了面试。您非常守时，这点很好。但您没有仔细观察，保安所按的电话键并不是43246，反复多次，您都没能看出来。而且您的身后就有一部公用电话，您完全可以自己重打一遍，以验证电话那边是否有人接听。面对小小的挫折，您只用了十分钟就选择了放弃。我公司用人的判断标准是看他在困难面前能否坚持。祝您下一次成功！"读完邮件，陈晨顿时呆住了。

二、生 词

1. 面试	v.	miànshì	interview	
2. 企业	n.	qǐyè	enterprise, company	乙
3. 拨	v.	bō	move or adjust with hand, foot or stick, etc.	丙
4. 分机	n.	fēnjī	extension	
5. 允许	v.	yǔnxǔ	permit, allow	乙
6. 假如	conj.	jiǎrú	if, supposing	丙
7. 且	conj./ adv.	qiě	and, moreover, just	乙
8. 一律	adj./ adv.	yílǜ	all, without exception	丁
9. 自动	adj.	zìdòng	voluntary, automatic, of one's own accord	乙
10. 独特	adj.	dútè	unique, distinctive	丙
11. 相当	adv./ v.	xiāngdāng	quite, fairly, considerably	乙
12. 加入	v.	jiārù	join, add, mix	丙
13. 以……为荣		yǐ……wéi róng	be proud of sb./sth.	
14. 例外	v./ n.	lìwài	be an exception; exception	丁
15. 着	v.	zhuó	put on	
16. 西服	n.	xīfú	western-style clothes	丙
17. 按时	adv.	ànshí	on time, on schedule	乙
18. 指示	n./ v.	zhǐshì	instruction; direct	乙

19. 保安	n.	bǎo'ān	security personnel	
20. 键	n.	jiàn	key (of a telephone, piano, computer, etc.)	
21. 稍	adv.	shāo	a little, a bit	乙
22. 焦急	adj.	jiāojí	anxious, worried	丙
23. 依然	adv.	yīrán	still, as before	丙
24. 不时	adv.	bùshí	frequently, often	丁
25. 验证	v.	yànzhèng	test and verify	丁
26. 如此	pr.	rúcǐ	so, such, in this way	丙
27. 信用	n.	xìnyòng	trustworthiness, credit	丁
28. 吩咐	v.	fēnfù	tell, instruct	乙
29. 资格	n.	zīgé	qualification; seniority	丙
30. 好	conj.	hǎo	so as to, so that	丙
31. 当天	n.	dàngtiān	the same day	丁
32. 邮件	n.	yóujiàn	mail	
33. 公用	v.	gōngyòng	communal, for public use	丙
34. 是否	adv.	shìfǒu	whether	丙
35. 面对	v.	miànduì	face, confront	丙
36. 挫折	n.	cuòzhé	setback, reverse	丙
37. 判断	v.	pànduàn	judge, determine	乙

专名

陈晨	Chén Chén	*name of a person*

本课新字

拨 允 焦 吩 咐 胸 挫 判

三、重点词语与句型

（一）相当　quite, fairly; more or less the same

1.［副］表示达到了比较高的程度。常用在形容词前面做状语。如：

［adv.］ It denotes a higher degree. It often acts as an adverbial before an adjective. For example:

（1）今年冬天天气相当冷。

（2）在新年晚会上，我们班表演得相当精彩。

2.［动］表示（数量、价值、条件、情形等）两个方面差不多；配得上或能相抵。一般用在句末。也常和介词“于”结合带宾语。如：

[v.] It expresses that two aspects, such as quantity, value, condition, situation, and so on, are more or less the same. They match with each other or can balance out. Usually it is used at the end of a sentence. Combing with the preposition 于, it can also have an object. For example:

（1）小王和小李的年龄、家庭相当，我看很合适。

（2）这两个公司的条件相当，你自己选择吧。

（3）他力气很大，一个人相当于两个人。

（二）以……为……　take... as...

1. 表示“把……当做……”、“把……作为……”。“为”的宾语是名词性成分。如：

It means 把……当做…… or 把……作为……. The object of 为 is a noun or

noun expression. For example:

（1）我以能去世界各国旅行为自己最大的愿望。

（2）他以通过 HSK 8 级为学习目标。

课文中的“以……为荣”表示把某人、某事、某种行为作为一种光荣。如：

The expression 以……为荣 in the text expresses that someome, something or a certain behavior is regarded as a glory. For example:

（1）哥哥考上了北京大学，我们全家人以他为荣。

（2）运动员都以能够参加世界级比赛为荣。

2. 表示比较起来怎么样。有“要数……”、“要算……”的意思。“为”的宾语是形容词性成分。如：

It expresses the result from the comparison, with the meaning of 要数…… or 要算……. The object of 为 is an adjective or adjective expression. For example:

（1）据说，午觉以半个小时为最好。

（2）这次的画展以风景画为主。

（三）按时　on schedule, on time

[副] 意思是按照规定的时间。用在动词前面做状语。如：

[adv.] It means according the regulated time. It acts as an adverbial before a verb. For example:

（1）他总是按时完成交给他的所有工作。

（2）和朋友约会时，她从来就没按时到过。

比较：“按时”和“准时”

Compare: 按时 with 准时

两者词性不同，“准时”是形容词，所以在“准时”的前面可以加副词“很”、“非常”等，“按时”不可以。“准时”在句中可以做谓语或补语，而“按时”不能。如：

They are different parts of speech. 准时 is an adjective, so the adverbs such as

很，非常，etc. can be added before it, but not before 按时. 准时 can be used as the predicate and complement, while 按时 can not. For example:

（1）他每次开会都非常准时。 （* 他每次开会都非常按时。）

（2）公司规定，上班必须准时。（* 公司规定，上班必须按时。）

（3）火车到得很准时。 （* 火车到得很按时。）

（四）稍　a little, a bit

［副］表示数量少或程度不深，稍微。

[adv.]　It denotes low quantity or degree, meaning a little or a bit.

1. “稍+动词”。动词前有“一”、“不”，或动词后有“一下”、“一些”、“一点儿”等数量补语。如：

稍+动词（稍+v.）. 一 or 不 can be added before the verb, or some quantity complements 一下, 一些, 一点儿 can be added after the verb. For example:

（1）他很聪明，老师稍一讲他就懂了。

（2）最近气温变化很大，稍不注意就会感冒。

（3）我不能喝酒，稍喝一点儿脸就红。

2. “稍 + 形容词 + 一点儿 / 一些”。如：

稍 + adj. + 一点儿 / 一些. For example:

（1）这件衣服好是好，就是稍贵了一点儿。

（2）我爸爸的工资比以前稍高一些。

3. “稍 + 有一点儿 + 动词 / 形容词”。如：

稍 + 有一点儿 + v. / adj. For example:

（1）我对这次的考试成绩稍有一点儿失望。

（2）今天妈妈做的菜稍有一点儿咸。

比较：“稍”和“稍微”

Compare：稍 with 稍微

在第六十四课，我们已经学过了“稍微”这个词。“稍”和“稍微”都可以修饰动词或形容词，表示数量少、程度浅或时间短，用法也基本相同。但是，“稍”后面可以只接单音节的动词或形容词，而“稍微”则不行。如：

In Lesson 64, the phrase 稍微 has been learnt. Both 稍 and 稍微 can modify verbs or adjectives, meaning a little amount, low degree or short time, and their usages are basicly the same. However, the word 稍 can only be followed by a single-syllable verb or adjective, while the phrase 稍微 cannot. For example:

（1）经理马上就来，请稍等。

*经理马上就来，请稍微等。

（2）这件衣服我穿稍大，姐姐穿又稍小了点儿。

*这件衣服我穿稍微大，姐姐穿又稍小了点儿。

（五）不时　every now and then

［副］表示某种行为、动作或情况间断地、连续多次地发生。时间间隔较短。用在动词前做状语。如：

[adv.] It expresses that a certain behavior, action or situation appears disconnectly, continuously for many times. The interval time is short. It acts as an adverbial before a verb. For example:

（1）她在学校门口等朋友，不时地看看手表。

（2）他爬山爬得很快，不时地停下来等后面的人。

注意　Note:

“不时”只用于肯定句。只表示一段时间内某种行为、动作或情况间断地、多次地发生而没有连续的意思，因此如果动作、情况始终不变，就不能用“不时”。如：

The phrase 不时 can only be used in an affirmative sentence, which only expresses that a certain behavior, action or situation occurs now and then or many times, but not continuously. Therefore, if the behavior or situation are always the same, 不时 cannot be used. For example:

（1）上课时，有的同学总是喜欢坐在最后一排。

(* 上课时，有的同学总不时喜欢坐在最后一排。)

(2) 今天下午我从三点到五点一直在上网。

(* 今天下午我从三点到五点不时在上网。)

(六) 好 so that

[连] 相当于“可以”、“以便”、“便于”。在复句中用于后一分句，引出前一分句动作的目的。可用于后一分句的句首，或主语的后面。多用于口语。如：

[conj.] It equals 可以, 以便, 便于, which is used in the second clause of a compound sentences to introduce the purpose of the behavior in the first clause. It can be used at the beginning of the second clause or after the subject. It is mainly used in spoken Chinese. For example:

(1) 你声音大一点儿，好让大家都听清楚。

(2) 他希望快点儿放假，好和朋友出去旅行。

(3) 把你的手机号码告诉我，有事好和你联系。

(七) 以 so as to

[连] 用在复句的第二个分句的开头，表示目的，有“为了”、“以便”的意思，后面紧跟动词。多用于书面语。如：

[conj.] It is used at the beginning of the second clause of a compound sentence, indicating the purpose, with the meaning of 为了 (in order to) and 以便 (so as to). It is followed closely by a verb, and mainly used in written Chinese.

(1) 老师要求我们多看电视新闻，以提高汉语听说水平。

(2) 春天要特别注意气温的变化，以防止疾病的发生。

比较：“好”和“以”

Compare: 好 with 以

1. 这两个词都可连接复句的两个分句。但“好”多用于口语，而“以”多用于书面语。如：

They can both connect two clauses of a compound sentence, however, 好 is mainly used spoken Chinese, while 以 is used in written Chinese. For example:

（1）你快告诉我他住哪个医院，我下班后好去看他。

（2）两国之间要加强交流，以发展经济合作关系。

2. 这两个词都用于复句中的后一个分句，但位置不同。“好”可用在句首，也可用于主语的后面，和动词之间可以加入其他成分；而“以”只能用于后一分句的句首，后面一般是动词。如：

Either of the two words is used in the second clause of a compound sentence, but in different locations. 好 is used either at the beginning of the sentence or after the subject. Some other parts can be added in–between them. However, 以 can only be used at the beginning of the second clause, and usually just before the verb. For example:

（1）赶快收拾东西，好按时出发。

（2）先把时间定下来，我好早点儿准备。

（3）他们打算在居民区建一个超市，以方便居民的日常生活。

3. “好”可修饰单音节或双音节动词，而“以”一般修饰双音节动词。如：

The word 好 can modify a single-syllable or double-syllabe verb, while 以 usually modifies a double-syllable verb. For example:

（1）多带几支笔，考试时好用。

（2）你和我一起去吧，有什么事好商量。

（3）在学校时要参加各种活动，以培养自己的能力。

（八）是否 whether

[副] 是不是。表示商量、怀疑或不确定。有下面两种用法：

[adv.] It means whether or not. It denotes consultative, doubtful or uncertain. There are two usages as the following:

1. 用于陈述句。如：

It is used in a declarative sentence. For example:

（1）我不知道他是否会和我们一起去。

（2）银行周末是否营业，你去问一下就知道了。

2. 用于疑问句。如：

It is used in an interrogative sentence. For example:

（1）我已经好几天没有见到他了，他是否已经回国了？

（2）外国留学生是否也能参加学校运动会？

四、练习

（一）朗读短语

以校为家	以他为荣	以胖为美	不时回头	不时查看
相当漂亮	相当成功	水平相当	自动放弃	自动参加
按时上课	按时开会	按时吃药	允许说话	允许抽烟
是否同意	是否参加	是否好看	电子邮件	收到邮件
有信用	讲信用	守信用	判断对错	判断准确

（二）选词填空

相当　不时　假如　一律　焦急　是否　依然　当天　加入　判断

1. 火车马上就要开了，他还没来，我________地又给他打了一个电话。
2. 虽然爷爷已经七十多了，可身体________很健康。
3. 那个国家不太大，________于我们国家的一个省。
4. 你怎么了？要相信自己的________。
5. ________有五百万块钱，你准备做什么？
6. 听说妈妈病了，小王________就坐飞机回家了。
7. 我说话时，他________地点头表示同意。
8. 我不知道这样做________正确。

9. 听说波伟________了学校留学生足球队。
10. 没有准考证________不能进入考场。

（三）从括号中选择合适的词语填空

1. 家乡发生了很大的变化，我已经________认不出来了。（一律　完全）
2. 看完的书________放回原处。（一律　完全）
3. 银行的门真好，往它前面一站，它就________开了。（自动　主动）
4. 同屋生病时，小李每天都________帮他去食堂买饭。（自动　主动）
5. 刚才你们在后面________地说什么呢？（不停　不时）
6. 做作业时，我________查一下词典。（不停　不时）
7. 别________，你再好好想一想放在哪儿了。（焦急　着急）
8. 父母在医院里________地等着孩子检查的结果。（焦急　着急）

（四）根据课文回答问题

1. 面试通知书上是怎么写的？
2. 陈晨为什么想进这家企业？
3. 电话是谁打的？陈晨知道电话号码吗？
4. 陈晨等了多长时间？他的心情怎么样？
5. 陈晨最后见到面试的人了吗？他是怎么决定的？
6. 这个公司有没有对陈晨进行面试？
7. 这次面试陈晨为什么没有成功？

（五）使用画线词语模仿造句

1. 学校规定，上课时<u>一律</u>不能吃东西。

____________________，____________________

2. 他们<u>以</u>环境保护<u>为</u>话题进行了讨论。

____

3. 过春节时，外面<u>不时</u>传来鞭炮声。

____

4. 大学生在学校应该多学习一些知识，<u>以</u>适应社会的飞速发展。

______________________，____________________

5. 照片上的这个人你<u>是否</u>认识？

____

（六）用所给词语完成句子

1. ____________________，能不能帮我修一下电脑？（假如）
2. 这次大家都考得不太好，____________________。（例外）
3. 你应该去看看那部电影，____________________。（相当）
4. 学校规定，上课时________________________。（一律）
5. 我们往前边坐一点儿吧，____________________。（好）
6. 作为学生，______________________________。（按时）
7. ________________________请问能不能帮我换一双？（稍）
8. 你忘了吗？______________________________。（当天）

（七）改错句

1. 表演节目时，请大家穿一律的衣服。

____

2. 我们每天都很按时来上课。

____

3. 以更好地了解中国，他学习中文认真。

____

4. 你不知道吗？在图书馆里是不同意吃东西的。

____

5. 我不时去找他，他都不在。

____

6. 我们坐出租车吧，好回家得早。

____

7. 他的文化程度相当中学毕业生。

____

8. 他是否美国人，我不知道。

____

（八）连词成句

1. 独特　着　企业　该　有　的　文化　公司

____

2. 按　会场　一律　请　进入　大家　要求

____

3. 参加　的　要　明天　一定　按时　面试　你

____

4. 来　汉语　我　为　中国　荣　以　学习　能

____

5. 放　把　嘴　她　巧克力　不时　进　里

____

6. 画儿　十年前　保存　我　的　着　送　你　那　张　依然

____

（九）综合填空

青年失业是一个全球性的社会问题。青年人失业会造成怎样的__________果呢？当他们看到周________的同龄人在紧张地工作，而他们却无事可干________，就会感受到巨大的心________压力。而且，________着年龄的增长和失业时________的延长，他们与社会的接触越来越少，适应能力也将下降，以后就更难找到适________自己的工作了。

这些失业青年的家庭，负担也会越来越________，父母成了失业青年唯一的经________来源。据有关专家分析，随着时间的推移，父母退休后收________也会减少。那时，就会产生更多的家庭________盾。

（十）阅读理解

就业是人生关键的转折点（zhuǎnzhédiǎn turning-point）之一。在选择职业的过程中，大学毕业生们普遍重视的是什么呢？在 2003 年 6 月对全国高校毕业生就业情况进行了调查之后，2006 年 3 月，有关部门又对 2005 年的大学毕业生就业情况进行了更大规模的调查。调查结果表明，大学毕业生最看重的是这项工作是否有利于个人的发展，然后才是经济收入。调查结果还表明，大学生就业情况并不是一年比一年差，反而有所好转。

看收入就可以了解就业的情况。在本次调查中，由已经确定就业单位的毕业生对自己最初的工资进行了估计。结果表明，和 2003 年相比，2005 年的大学毕业生平均月收入为 1588 元，比 2003 年多 37 元。调查还发现，学历越高最初的工资越多。专科毕业生为 1333 元，本科毕业生为 1549 元，硕士、博士分别为 2674 元和 2917 元。同 2003 年相比，本、专科毕业生最初的工资略有上升，但硕士和博士的有所下降。

调查结果还表明，大学生就业出现了由大中城市向小城市、县城分布的趋势（qūshì tendency），未来这些地方会有更多的就业机会。本次调查发现，现在在大中城市就业的毕业生为 70.7%，与两年前相比，下降了 5.9%。

根据文章内容判断正误：

1. 2006 年进行了第一次大学生就业情况调查。（　　）
2. 收入对于大学生们来说并不是最重要的。（　　）
3. 大学毕业生就业情况越来越好。（　　）

4. 学历和最初的工资没有关系。　　（　　）

5. 2005 年，所有毕业生最初的工资都提高了。　　（　　）

文化小贴士 Proverbs

三百六十行，行行出状元

Sānbái liùshí háng, hángháng chū zhuàngyuan

Every profession produces its own leading authority.

本课听说生词

New words in listening exercises

类	服装	骨头	举办	现实	招	学历	突击
笔试	口试	补习	哟	发挥	特长	地下	通道
惊喜	坚定	报到	诚实	时代	高考	录取	重点
不幸	铁饭碗	密切	概括	研究生	简历	关	事先
背景	真诚	整洁	良好	状态	出色		

第六十七课　老邻居

重点词语：

1. 凡是

　凡是住在这儿的小两口，都是因为没什么钱，买不起大房子。

2. 就

　就我来说

3. 不然

　快跑快跑，不然要迟到了。

4. 则

　另一位则说

5. 无论如何

　叫他无论如何都得来一趟

6. 何况

　何况路也太远了

7. 恐怕

　恐怕来不了

8. 人家[1]（rénjiā）

　主要住着两类人家

9. 人家[2]（rénjia）

　别麻烦人家了

功能项目：

邻里交往

一、课　文

我们这个单元的房子都是小户型，主要住着两类人家：一类是老年夫妻型的，一类是小两口型的。老年夫妻住这儿，往往是因为他们的子女要结婚，他们把大房子让出来，自己住小房子；凡是住在这儿的小两口，都是因为没什么钱，买不起大房子，我自己就属于这一类。

就我来说，我的性格比较内向，在日常生活中不大喜欢和别人打交道。平时工作又忙，天天早出晚归，也没有和老年邻居们来往的时间，但我知道他们对我们年轻人的生活是感兴趣的，而且充满着善意。例如，有一天我早上去上班，从楼上急急忙忙地往下跑，两位站在三楼聊天的老人看见就笑，一位说："快跑快跑，不然要迟到了。"另一位则说："年轻人身体好，觉睡不够。"二楼的一对老夫妻刚从菜市场回来，两人拎着装满菜和早点的塑料袋，微笑着静静地站在一边，为我让路。这时候，我的心中好像涌进了一股暖流，深深感到有这些老年人做邻居真好，因为有了他们，我仿佛生活在一个大家庭里。

一天晚上十一点钟，家里的电突然断了，急得我团团转，因为我正在用电脑给领导写一篇讲话稿，文章刚写了一半。我走出门打开楼道里的灯，给单位的修理工打电话，叫他无论如何都得来一趟。那边很为难，说他已经睡了，何况路也太远了，恐怕来不了了。这时，对门张大爷家的门开了，张大爷说："这么晚了，别麻烦人家了，我来给你看看。"我连忙说谢谢。张大爷说："客气什么！这事儿啊，小菜一碟！我以前就是单位的电工。"

还有一次，我们上班的时候，我晒的床单被风吹跑了。我下班回来去找，没找到。正在这时，三楼的老奶奶趴在阳台上向我挥手喊道："小伙子，你在找床单吧？我帮你捡起来了，在我家呢。"我进去一看，床单叠得整整齐齐地放在沙发上。

我越来越喜欢我的这些老年邻居们了，对他们充满了尊敬和感激。

在21世纪的今天，城市中到处都是高楼，虽然说人们住在同一个单元楼里，可是很多人眼里只有自己，邻居之间的关系都很淡，偶尔在楼道里遇到，也只是相互点点头，有的住在楼上楼下都不认识。与他们相比，我应当是幸运的，我希望能长久地与这些老年朋友们做邻居。

二、生　词

1. 单元	n.	dānyuán	unit, residential unit	丁
2. 型	n.	xíng	model, type	丁
3. 人家	n./ pr.	rénjiā/rénjia	family, household; other people；I, me	丙
4. 夫妻	n.	fūqī	husband and wife	丙
5. 凡是	adv.	fánshì	every, any, all, whatever	丙
6. 内向	adj.	nèixiàng	introverted	
7. 归	v.	guī	return, go or come back	丙
8. 来往	v.	láiwǎng	come and go; coming and going, intercommunication	丙
9. 善意	n.	shànyì	good will, good intentions	
10. 不然	conj.	bùrán	otherwise	乙
11. 则	conj.	zé	*express relationship between cause and effect; express contrast with a previous sentence; express concession*	乙
12. 拎	v.	līn	carry in hard	
13. 早点	n.	zǎodiǎn	breakfast	丁
14. 袋	n./ m.(n.)	dài	bag, pocket; *used for bags of sth.*	乙
15. 涌	v.	yǒng	rise, emerge	丙

16. 暖流	n.	nuǎnliú	warm current	
17. 仿佛	adv.	fǎngfú	be alike;seemingly, as if	乙
18. 讲话		jiǎng huà	speak, talk	乙
19. 稿	n.	gǎo	draft, sketch	丙
20. 为难	adj.	wéinán	feel awkward	丙
21. 何况	conj.	hékuàng	let alone; what is more	丙
22. 恐怕	adv.	kǒngpà	perhaps, maybe; be afraid of	乙
23. 对门	n.	duìmén	opposite neighbour	丙
24. 碟	n./ m.(n.)	dié	small plate; a dish or plate of	
25. 床单	n.	chuángdān	sheet	丙
26. 阳台	n.	yángtái	balcony	
27. 捡	v.	jiǎn	collect, pick up	乙
28. 叠	v.	dié	pile up	丙
29. 只是	adv./ conj.	zhǐshì	only, just; however	
30. 相互	adj.	xiānghù	mutually, each other	乙
31. 相比	v.	xiāngbǐ	compared to, contrast	丁
32. 应当	aux.	yīngdāng	should, ought to	乙
33. 长久	adj.	chángjiǔ	(for a) long time, permanently	丙

本课新字

凡 归 拎 涌 稿 碟 拣 叠

三、注　释

（一）急得我团团转　I am very much worried

“团团转”指来回转圈儿的样子。做补语，多用来形容焦急、忙碌的样子。如：急得团团转、忙得团团转。

The expression 团团转 means to turn rounds time and again. It is used as a complement, which mainly modifies somebody. is anxious or very busy, such as 急得团团转 (so worried that one walks here and there) and 忙得团团转 (very much busy).

（二）这事儿啊，小菜一碟！　It's a piece of cake!

“小菜”指的是喝酒、吃饭时放在小碟儿里的菜。“小菜一碟”比喻事情很小，很容易做，算不了什么。

The phrase 小菜 means small-plate dishes for drinking and eating. The expression 小菜一碟 means something is very easy. It is not at all difficult.

四、重点词语

（一）凡是　every, any, all, whatever

［副］表示在某个范围内没有例外，有“只要是”的意思。常用在句首，一般修饰名词或名词性短语。句中常用“都”、“一律”、“就”、“没有不”等词语一起搭配使用。如：

[adv.] It denotes that there is no exception within a certain scope, meaning 只要是, which is usually put at the beginning of a sentence. It is often combined with

都, 一律, 就 or 没有不, etc.. For example:

（1）凡是本校学生，上学时一律要穿校服。

（2）凡是到过长城的人，没有不被它吸引的。

（二）就 as to

1.［介］提出动作的对象或话题的范围。如：

[prep.] It introduces the object of the action or scope of the topic. For example:

（1）老师就这个词的用法进行了举例说明。

（2）请大家就环境保护问题谈谈自己的意见。

2.［介］表示从某个方面进行论述。多用于和其他人或事进行比较。常用格式有：

[prep.] It indicates to illustrate from a certain aspect. It is mainly used in comparing with sb. or sth. else. The following are the frequently used patterns.

就……来说 / 来讲 as far as...is concerned

（1）就我来说，星期天喜欢在宿舍休息，不喜欢出去逛街。

（2）这个学校的教师很不错，但就学习条件来讲，比不上别的学校。

就……而言 / 而论（多用于书面语） as to (mainly used in written Chinese)

（1）就目前你的身体情况而言，不能长途旅行。

（2）就气候条件而论，沿海城市一般都比较好。

（三）不然 otherwise

［连］用在第二个分句的开头，引出结果或结论。表示如果不是第一个分句所说的情况，就会出现或可能出现这样的结果。相当于“否则”。如：

[conj.] It is used at the beginning of the second clause to introduce a result or a conclusion. It means that without the situation in the first clause, this kind of result may happen or most probably occur. It eaquals 否则 (otherwise). For example:

（1）我来晚了，不然就可以见到他了。

（2）只差一分，不然就可以得到第一名了。

也可以说成"要不然"、"不然的话"，加强假设的语气，多用于口语。"要不然"也可说成"要不"。如：

It can also be expressed by the expressions of 要不然 or 不然的话 to enforce the mood of hypothesis, which is mainly used in spoken Chinese. The expression 要不然 can also be expressed as 要不. For example:

（1）你赶快把书还给他，要不然他该生气了。

（2）快点儿走吧，不然的话就赶不上火车了。

（3）我把啤酒喝完了，要不我再给你买一瓶？

（四）则

[连] 多用于书面语。常有以下几种用法：

[conj.] It is mainly used in written Chinese. The following are its frequent usages:

1. 表示对比关系。如：

It indicates the relationship of constrasting. For example:

（1）我喜欢先吃饭，后喝汤，他则跟我相反。

（2）很多大学生都想在大城市工作，他则打算毕业后去农村教书。

2. 表示因果或情理上的关系，有"那"、"那么"的意思。如：

It indicates the relationships between cause and result or of reasons, meaning 那 or 那么。 For example:

（1）得了大病，则应立即就医。

（2）不进则退，我必须更加努力。

3. 表示两件事情在时间上的先后承接关系。相当于"就"。如：

It indicates the time consequency of two things, equaling 就. For example:

（1）每逢花开，则会有一阵阵香气。

（2）这种鸟夏天来我们这儿，秋天则飞往温暖的南方。

（五）人家 1（renjiā） family, household

［名］指住户、家庭或专指女性未来的丈夫家。多用于口语。如：

[n.] It refers to the family or particularly refer to a woman's fiance, which is mainly used in spoken Chinese. For example:

（1）这里原来一户人家也没有，现在成了非常热闹的地方。

（2）他是穷人家的孩子。

（3）她已经有人家了，你就别操心了。

人家 2（rénjia） other people; I, me

1.［代］指说话人和听话人以外的人。即“别人”。如：

[pron.] It refers to people but neither the speaker nor the listener, i.e., 别人 (the others). For example:

（1）人家都说桂林很美，我们暑假也去那儿玩儿玩儿吧。

（2）人家能做到的，我也一定能做到。

2. 指某个人或某些人。如：

It refers to a certain person or some people. For example:

（1）你还没有把钱还给人家？

（2）人家都在等我们呢，你快点儿吧。

3. 指说话人自己，即“我”。一般是年轻女子的自称。如：

It refers to the speaker herself, i.e. 我， usually used by young lady. For example:

（1）你进来也不敲门，把人家吓了一跳。

（2）你踩了人家一脚，也不说声“对不起”。

（六）无论如何　no matter wh-

［副］表示不管条件怎么样，都必须做某件事或发生某种情况。强调结果不因条件变化而变化。在句中做状语，也可放在主语的前面。如：

[adv.] It means no matter what the conditions are, something must be done or some situations must occur. It emphasizes that the result won't change with the conditions. It acts as an adverbial in a sentence. It can also be put before the subject. For example:

（1）今天我无论如何得去医院看看他。

（2）这个孩子无论如何都不愿意去学校上课。

（3）无论如何你都要在晚上 11 点以前回来。

（七）何况　let alone; what is more

1.［连］用于后一个分句，表示进一步的意思。常带有反问语气。“何况”前面可以加“更”、“又”等词。前一个分句中常有“都”、“还”、“连……都/也……”等一起搭配使用。如：

[conj.] It is used in the second clause, meaning a further explanation, which is often with rhetorical mood. The words 更, 又 and so on can be added before the expression 何况. In the former clause, it is often combined with the words 都, 还, 连……都 / 也……. For example:

（1）现在坐车去都来不及，何况走路呢？

（2）这种工作连身体健全的人都觉得很困难，更何况残疾人呢？

2.［连］用于后一分句，补充或追加理由。如：

[conj.] It makes up or adds reasons in the second clause. For example:

（1）这件衣服有点儿贵，何况你已经有和这差不多的衣服了，别买了吧。

（2）小李成绩不太好，何况现在找工作也不容易，所以他现在还在家待着。

（八）恐怕　perhaps, maybe; be afraid of

［副］表示对情况的估计。有“大概”、“也许”的意思。语气委婉，句末

常有“吧”。如：

[adv.] It indicates the estimation to the situation, meaning perhaps or maybe, with the euphemistic mood, and the word 吧 is often used at the end of the sentence. For example:

（1）这件衣服恐怕是她刚买的吧。

（2）现在邮局恐怕已经关门了。

“恐怕”有时也带有“担心、忧虑”的意思。如：

Sometimes, the expression 恐怕 means worrying and anxious. For example:

（1）你穿这么少，恐怕会感冒。

（2）东西太多了，你一个人恐怕拿不了。

注意　Note：

“恐怕”不是动词，表示“害怕”、“恐惧”时，不能用“恐怕”。如：

The phrase 恐怕 is not a verb. When to express 害怕 (afraid)、恐惧 (fear), 恐怕 can't be used. For example:

（1）晚上一个人走路很害怕。

　　*晚上一个人走路很恐怕。

（2）我怕和陌生人说话。

　　*我恐怕和陌生人说话。

五、练　习

（一）朗读短语

日常生活	日常用品	拎箱子	拎东西	拎着水果
急得团团转	忙得团团转	无论如何要看		
无论如何得来	无论如何要回国			

叠衣服　　叠起来　　为难地说　　感到为难　　为难得很
恐怕会来　　恐怕没有了　　恐怕回家了　　相互帮助　　相互学习
友谊长久　　爱情长久　　活得长久

（二）选词填空

淡　何况　恐怕　则　凡是　不然　为难　相互　人家　应当

1. 从国外回来后，我进了银行工作，他________进了一所大学当老师。
2. 他向我借钱，我感到有点儿________。
3. 不要乱翻________书架上的东西。
4. 我比他高，我都够不着，________他呢？
5. 在孩子看来，________老师说的都是对的。
6. 你看这天气，________明天还会下雪。
7. 发现自己做错了，就________马上改正。
8. 这个汤太________了，再加点儿盐吧。
9. 你快点儿去食堂吧，________好吃的菜都卖光了。
10. 在学习和生活中，我们总是________帮助。

（三）从括号中选择合适的词语填空

1. 现在人们的________生活有了很大的改变。（日常　平常）
2. 我们家________都是六点半左右吃晚饭。（日常　平常）
3. 对不起，这本书________不能借给你。（恐怕　害怕）
4. 我考得不好，很________被父母批评。（恐怕　害怕）
5. 我________都没有吃妈妈做的菜了。（长久　好久）
6. 你放心，他不会在这里________住下去的。（长久　好久）
7. 真对不起，突然有点儿急事，________我就去送你了。（不然　虽然）
8. ________我和他很长时间没有见面了，但我们还是好朋友。（不然　虽然）

（四）根据课文回答问题

1. 他们这个单元住着哪两类人家？
2. 他们为什么住在这里？
3. “我”平时为什么不太和老年邻居们来往？
4. 那天晚上停电后发生了一件什么事？
5. 谁曾经帮助过“我”？
6. “我”为什么觉得自己是幸运的？

（五）用所给词语改写句子

1. 所有报名参加比赛的同学，明天八点在体育场集合。（凡是）

   ____

2. 大家对考试的时间安排提出了自己的意见。（就）

   ____

3. 自己不努力，那学习条件再好也没有用。（则）

   ____

4. 你等一下，没看见我正忙着吗？（人家）

   ____

5. 这个人说的话可能不完全是真的。（恐怕）

   ____

6. 我读的书没有你多。（和……相比）

   ____

（六）用所给词语完成句子

1. 他生病了，______________________。（不然）
2. ______________________，都不能在商店里销售。（凡是）
3. 你怎么了？______________________？（为难）
4. 天气这么热，在房间里都会出汗，______________________？（何况）

5. ________________谈了自己的看法。　　　　　　　　　　(就)
6. 你们先回去吧，我今天________________。　　　　(无论如何)
7. 你手上的东西太多了，我____________________。　　　(拎)
8. 你看他的样子，________________。　　　　　　　　(恐怕)

(七) 改错句

1. 一个人走已经够累了，何况没带孩子呢？

____

2. 你就来说，现在应该去找个工作。

____

3. 他向我借词典，我为难了。

____

4. 他的人家不在南京，所以他过几月就回去一次。

____

5. 小时候，我恐怕一个人在家。

____

6. 他的汉语相比我有点儿好。

____

(八) 综合填空

年过八十的刘正德老人，二十多年来，一直坚持在家自办图书馆和学习班，免费（miǎnfèi free of charge）为远近社区的青少年提供良好的学习________境。他家那________四室一厅的大房子几乎就是书的海洋。刘正德自从退休以________，就用自己的书办起了图书馆和学习班，让附近的孩子来免费看书，学习中国________统文化。多年来，他一直________持每天“工作”十四个小时，不仅对他近万册的图书进行管理，还要给孩子们讲课。来这里学习的孩子远近社区的都有，最多的时候，________至有三十多个孩子挤在他的家里，本来很宽敞的房子顿时显得拥挤________来。对于名利，刘正德老人看得很淡。他说："人生在世，钱不在多，只要能保________温饱就行了，而且我很喜欢小孩子来我这里学习、看书。"由于年________和身体方面的原因，他打算今年冬天把他的书全部送给社区，并相________社区会做得更好。

（九）阅读理解

多少年都渴望有个自己的家，当家真的属于自己时，兴奋之后竟有一点儿空空的感觉。毕竟在大家庭中生活了近三十年，突然宽大的房间里只有女儿和自己，感到有点儿寂寞。

搬进新居的第三天傍晚，门铃响了。打开门，一对老夫妇站在门口。

"您是……"

"我们是你楼下的邻居，正好在你脚底下。"捧着小纸盒的阿姨笑着告诉我。

"是不是我家装修（zhuāngxiū furnishing）吵您啦？"看阿姨摇头，我马上接着说，"要不，是我家水管漏（lòu leak）水，让您家受影响了？"我慌忙问道。

叔叔大笑着挥挥手："姑娘，你别紧张，都不是。"说着，他轻轻推了阿姨一下，笑着问我："邻居来了也不让进吗？"

我这才反应过来，急忙将二老让进屋，并且准备倒茶。阿姨拉住我说千万别客气，然后在房间里转了一圈，连声夸奖我家装修得漂亮，接着将小纸盒放在桌上："老一辈人的传统是搬新居要送茶具，这是一对碗，就当礼物送过来啦！"

我连忙道谢。可心里很奇怪：现在有的人相邻几年也不打个招呼，可我刚搬来他们就来拜访，该不会是有什么事吧？

正想着呢，他们已经准备离开了，阿姨热情地对我说："姑娘呀，咱们是邻居了，你一个人带孩子不方便，将来孩子回来早了就去我家，你忙的时候我也可以帮你照看（zhàokàn watch over）啊！”

看着阿姨真诚的笑容，我感动得说不出话。叔叔也大声对我说：“你有什么需要就说。我们就一个儿子，十几年前就出国去了，我们在家没事。人家说远亲不如近邻嘛！而且，我老伴就喜欢孩子，你放心吧，她高兴帮你呢！”

两位老人家走了，可他们的热情充满了小小的客厅，让人感觉很温暖。从此，我就有了可爱的新邻居。逢年过节，有什么好吃的他们都会给我送一份，就连我丢三落四的毛病也解决了，一把大门钥匙挂在阿姨家厨房门框上，不管什么时候忘记带钥匙，都可以敲邻居的门。

三月份，我生了一场大病，在医院住了十多天，我的父母不在身边，帮不上忙，幸亏楼下阿姨帮我照顾孩子。女儿在她的关心照顾下，小脸也圆了一圈。

这楼上楼下的邻居，原来，可以这样亲；原来，可以是一家人。

根据文章内容判断正误

1. 我在父母家住了整三十年。　（　　）
2. 这对老夫妻住在我的对门。　（　　）
3. 老夫妻给我送礼，因为我是新邻居。　（　　）
4. 老夫妻的家里现在住着三口人。　（　　）
5. 我把孩子一直放在邻居家。　（　　）
6. 我一直认为邻居像亲人一样。　（　　）

（十）写作

请介绍一下你家的邻居，或谈谈你对邻里关系的看法。可以选用下面词语中的 8 ~ 10 个。

单元　户　就……而言　不然　来往　凡是　无论如何　何况

恐怕　相互　长久　则　打招呼　为难　楼道　阳台　捡

文化小贴士 Proverbs

邻里好，赛金宝

Línlǐ hǎo, sài jīnbǎo

A good neighbour is better than gold.

本课听说生词
New words in listening exercises

班长	带头	榜样	亲密	居民	职业	评
兴高采烈	来得及	黄昏	板	轮子	艰难	买卖
货	巧克力	巢	进入	阶段	被动	难以
生理	针对	健身	自我	调整	宽敞	定期
左邻右舍	认得	必要				

第六十八课 奥运“福娃”

重点词语：

1. 时刻

那是一个令所有中国人兴奋、激动的时刻。

2. 日益

中国以日益发展的经济和国际地位……

3. 难以

人们激动得难以入睡。

4. 恰好

在离北京奥运会开幕恰好还有一千天的时候

5. 一一

五个福娃与奥林匹克会旗上的五环一一对应。

6. 前后

福娃的诞生前后经过了一年多的时间。

7. 体现

福娃体现了中华民族的传统文化。

8. 象征

蓝色的“贝贝”是水和鱼的象征。

功能项目：

谈运动

一、课 文

2001 年 7 月 1 日 22 点零 8 分，那是一个令所有中国人兴奋、激动的时刻，中国以日益发展的经济和国际地位，赢得了 2008 年第 29 届奥林匹克运动会的主办权，北京沸腾了。这一夜，人们激动得难以入睡。

在离北京奥运会开幕恰好还有一千天的时候，北京 2008 年奥运会吉祥物正式和全世界朋友见面了。吉祥物由五个可爱的娃娃组成，它们有一个共同的名字："福娃"。福娃是五个亲密的小伙伴，每个娃娃都有一个好听的名字："贝贝"、"晶晶"、"欢欢"、"迎迎"和"妮妮"。在中国，名字重叠是对孩子表达喜爱的一种传统方式。当把五个福娃的名字连在一起时，你会读出北京对世界的热情邀请——北京欢迎您。

这五个娃娃的形象是按照鱼、大熊猫、藏羚羊、燕子和奥林匹克圣火的样子设计的。在颜色上，五个福娃与奥林匹克会旗上的五环一一对应。每个福娃各自代表一个美好的祝愿：繁荣、欢乐、激情、健康与好运。福娃的诞生前后经过了一年多的时间，最后是由中国著名艺术家韩美林担任组长、北京奥运吉祥物九人修改创作小组设计完成的。

福娃体现了中华民族的传统文化。蓝色的“贝贝”是水和鱼的象征，代表繁荣。因为在中国传统文化中，“鱼”和“水”的图形是繁荣与收获的象征，“鱼”还有年年有余的意思。

黑色的“晶晶”是一只可爱的大熊猫，它来自大森林，象征着人与自然的友好关系。它无论走到哪里都会带给人们欢乐。

红色的“欢欢”是福娃中的大哥，他是一个火娃，象征奥林匹克圣火。他传递着“更快、更高、更强”的奥林匹克精神。

黄色的“迎迎”是一只灵活的飞快奔跑着的藏羚羊，藏羚羊是青藏高原特有的珍稀动物。“迎迎”体现的是绿色奥运，将健康、美好的祝福传向世界。

绿色的“妮妮”是一只在天空中高飞的燕子，它传递着“祝您好运”的美好祝福，把春天和喜悦带给人们。“妮妮”的样子来自北京传统的燕子风筝。而“燕”又包含了北京古代的称呼——燕京的意思。

五个福娃中的“贝贝”、“迎迎”和“妮妮”又分别代表着水上运动、田径和体操运动项目。

五个可爱的福娃就这样带着北京和全中国人民的热情，和各国人民于2008年共聚北京。

二、生 词

1. 时刻	n./ adv.	shíkè	time, moment; always	乙
2. 日益	adv.	rìyì	increasingly, day by day, more and more	丙
3. 赢得	v.	yíngdé	win, gain	丁
4. 届	m.(n.)	jiè	*used for graduating classes (year), regular meeting or conference*	乙
5. 主办	v.	zhǔbàn	sponsor	丁
6. 权	n.	quán	right qualification	丁
7. 沸腾	v.	fèiténg	boil, seethe with excitement	丙
8. 入	v.	rù	come into, enter	乙
9. 开幕	v.o.	kāi mù	open, inaugurate (meeting etc.)	丙
10. 恰好	adv.	qiàhǎo	just right, exactly right	丙
11. 吉祥	adj.	jíxiáng	lucky, propitious, auspicious	丁
12. 娃娃	n.	wáwa	baby, child	丙
13. 组成	v.	zǔchéng	form, make up, compose	丙
14. 重叠	v.	chóngdié	overlap, pile up	乙
15. 形象	n./ adj.	xíngxiàng	image, form; vivid, imagery	乙
16. 环	n.	huán	link,ring, hoop	乙

17. 对应	v.	duìyìng	correspond	丁
18. 欢乐	adj.	huānlè	happy, joyous	丙
19. 激情	n.	jīqíng	passion, enthusiasm, fervour	丁
20. 诞生	v.	dànshēng	be born, come into being	丙
21. 担任	v.	dānrèn	assume the office of	乙
22. 组长	n.	zǔzhǎng	group leader, head of section	丙
23. 体现	v.	tǐxiàn	embody, reflect	丙
24. 象征	n./ v.	xiàngzhēng	symbol; symbolize	丙
25. 图形	n.	túxíng	graph, figure, logo	丁
26. 来自	v.	láizì	derive from, come from	乙
27. 森林	n.	sēnlín	forest, woods	乙
28. 传递	v.	chuándì	transmit, deliver	丁
29. 灵活	adj.	línghuó	nimble, agile, flexible	乙
30. 奔跑	v.	bēnpǎo	run, race	丙
31. 藏羚羊	n.	zànglíngyáng	Tibetan antelope	
32. 燕子	n.	yànzi	swallow	
33. 圣火		shènghuǒ	the Holy Fire (of Olympics)	
34. 天空	n.	tiānkōng	sky, heaven	丙
35. 包含	v.	bāohán	contain, include	丙
36. 称呼	n./ v.	chēnghu	form of address; call	丙
37. 田径	n.	tiánjìng	track and field	丁
38. 体操	n.	tǐcāo	gymnastics	丙

专名

1. 奥运会	Àoyùnhuì	Olympic Games, abbreviation for 奥林匹克运动会
2. 福娃	Fúwá	Happy Babbies
3. 贝贝	Bèibei	Beibei (贝 is the omophone of 北)
4. 晶晶	Jīngjing	Jingjing (晶 is the omophone of 京)
5. 欢欢	Huānhuan	Huanhuan (欢 means happy, welcome)
6. 迎迎	Yíngying	Yingying (迎 means meet, welcome)
7. 妮妮	Nīni	Nini (妮 is the omophone of 你)
8. 韩美林	Hán Měilín	*name of a person*
9. 中华	Zhōnghuá	China (alternate formal name)
10. 青藏高原	Qīng Zàng Gāoyuán	Qinghai-Tibet Altiplano
11. 燕京	Yānjīng	The old name of Beijing

本课新字

益 届 沸 腾 恰 祥 诞 森 悦 径

三、重点词语

（一）时刻　time, moment

［名］指时间里特殊而短暂的一段或某一点。如：

［n.］ It indicates a special and short period of time or a point of time. For example:

（1）新年的钟声响了，在这欢乐的时刻，让我们一起祝愿明天更美好。

（2）这样的时刻总是让人难忘。

［副］每时每刻；经常。可重叠为“时时刻刻”。如：

［adv.］ Every time, time and again. It may be geminated as 时时刻刻. For example:

（1）我时刻不忘妈妈对我说过的话。

（2）他时时刻刻提醒自己不能浪费时间。

（二）日益　increasingly, day by day

［副］意思是一天比一天。表示事物逐渐发展变化，或程度逐渐加深。用于书面语。多加在双音节的动词或形容词前面。如：

[adv.] It means increasingly, day by day, denoting something changes gradually or degree becomes deeper and deeper. It is used in written Chinese, and mainly used before a double-syllable verb or adjective. For example:

（1）在农村，人们的生活水平日益提高。

（2）随着经济的发展，商店里商品的种类日益丰富起来了。

（三）难以　hard to, difficult to

［副］表示很难，不容易。用在双音节动词或形容词前面，多用于书面语。如：

[adv.] It denotes very hard, not easy, which is used before a double-syllable verb or adjective, and mainly used in written Chinese. For example:

（1）发生这样的事，真让人难以相信。

（2）他的画太美了，用语言难以形容。

（3）看了这部电影，我的心情难以平静。

（四）恰好　just right, exactly right

［副］表示事情的发生正是时机；时间、数量、条件等正好在某一点上，有“不早不晚”、“不多不少”、“不前不后”的意思。在句中做状语，可放在主语前后。如：

[adv.] It denotes that something occurs at the right moment; time, quantity and condition are all at a certain point, meaning neither early nor late, neither more nor less and neither early nor late. It acts as an adverbial in a sentence, which may be put before or after the subject. For example:

（1）刚想给他打电话，他恰好就来了。

（2）我的电脑坏了，恰好我的同屋是学计算机的，就请他帮我看看。

（3）昨天我买了八个苹果，恰好一公斤。

比较：“恰好”和“正好”
Compare: 恰好 with 正好

“恰好”和“正好”的副词用法基本相同，但“正好”还有形容词的用法，而且可以在对话中单用，而“恰好”不可以。如：

The usage of 恰好 and 正好 as an adverbial is basically the same. However, 正好 can act as an adjective, and it can be used independently in a dialogue, but 恰好 can not. For example:

（1）这双鞋我穿正好。

　　* 这双鞋我穿恰好。

（2）A：我来晚了吧？

　　B：没有，正好。

　　　* 没有，恰好。

（五）一一　one by one

[副] 表示动作、行为一个一个地依次发生或出现，在句中做状语，用在动词前面，不带“地”。如：

[adv.] It denotes that actions or behaviors occur or appear one by one. It acts as an adverbial in a sentence, and it is used before a verb, but not followed by 地. For example:

（1）中国有很多名胜古迹，我就不一一介绍了。

（2）表演结束时，校长和参加表演的留学生一一握手。

（六）前后　front and back

1. [名] 指事物的前面和后面。可以用在名词的前面或后面。如：

[n.] It denotes the front and back of something, which can be used before or after a noun. For example:

（1）前后都有很多车，动不了了。

（2）他家房子前后种了不少树。

（3）前后车厢都满了，我们就在这儿别动了。

2. [名] 指比某一时间稍早或稍晚的一段时间。常用于表示时间的名词或名词短语的后面。如：

[n.] It denotes a little earlier or later than a certain time, which is usually used after a noun or phrase of time. For example:

（1）春节前后，交通都很拥挤。

（2）国庆节放假前后，我打算去一趟上海。

3. [名] 指从开始到结束的整个时期。在句中做状语。可以重叠。如

[n.] It denotes the whole period from the beginning to the end, which acts as an adverbial in a sentence and can be geminated. For example:

（1）这座大桥前后只花了一年时间就建成了。

（2）为了买这本书，我前前后后去了五次书店。

（七）体现　embody, reflect

［动］指某种性质或现象通过某一事物具体表现出来，不能重叠。如：

[v.] It denotes that a certain nature or phenomenon is shown or reflected by something. It can not be geminated. For example:

（1）他帮助孩子找到了妈妈，体现了他乐于助人的精神。

（2）希望小学的出现，体现出了全社会对失学儿童的关心。

（八）象征　symbol; symbolize

1.［名］用来表示某种特殊意义的具体事物。多做“是”、“作为”的宾语。如：

[n.] It is used to denote a certain concrete material of special significance. Mainly it acts as the object of 是 and 作为. For example:

（1）火是热情的象征。

（2）人们把奥运会作为友谊的象征。

2.［动］用具体事物表现某种特殊意义。可带“着”，不能带补语。如：

[v.] It reflects particular significance in concrete material, which can be followed by 着，but not by a complement. For example:

（1）在中国，红色象征吉利。

（2）夫妻俩种下的这棵松树，象征着他们爱情的长久。

四、练　习

（一）朗读短语

激动的时刻	难忘的时刻	时刻记住	上一届	这一届
二十九届	九七届	难以忘记	难以平静	难以形容
象征友谊	象征爱情	欢乐的日子	欢乐的人群	欢乐的气氛

担任经理　担任班长　屋子前后　圣诞节前后　前前后后
来自农村　来自海外　脑子灵活　动作灵活　人很灵活

（二）选词填空

来自　前后　难以　恰好　日益　组成　重叠　——　象征　届

1. 这两个动词可以________使用。
2. 我们班的同学________不同的城市。
3. 这篇论文是由四个部分________的。
4. 昨天我去看电影，座位________的人都在不停地说话，真讨厌。
5. 这个运动员参加过两________世界杯足球赛。
6. 这是他写的文章吗？真让人________相信。
7. 我________也要去图书馆借书，我们一起走吧。
8. 你知道红色________着什么吗？
9. 现在来中国学习和工作的外国人________增多。
10. 因为时间比较紧张，我就不________说明了。

（三）根据课文回答问题

1. 哪年中国取得了第29届奥林匹克运动会的主办权？
2. 2008年北京奥运会的吉祥物是什么？和以前有什么不同？
3. 这届奥运会吉祥物的名字有什么意思吗？
4. 这届奥运会吉祥物有几种颜色？为什么？
5. 请你说说这届奥运会吉祥物的形象。
6. 为什么说这届奥运会的吉祥物体现了中华民族的传统文化？

（四）用所给词语改写句子

1. 他的病情一天比一天好转。（日益）

____

2. 他每天把报纸一份一份地送到各家。（一一）

____

3. 有时很难理解医生说的话。（难以）

____

4. 我任何时候都没有忘记父母对我的期望。（时刻）

____

5. 他们家很大，前面和后面都有花园。（前后）

____

6. 今年谁来做足球队的队长呢？（担任）

____

（五）连词成句

1. 动作　打　很　灵活　篮球　他　时

____

2. 了　都　沸腾　整　起来　体育场　个

____

3. 娃娃　届　由　这　的　一　吉祥物　五个　组成　奥运会

____

4. 身上　体现　在　了　精神　他　出来　助人为乐　的

____

5. 我们　是　的　象征　件　友谊　礼物　这

____

6. 医院　趟　前后　昨天　三　去　他　了

____

（六）用所给词语完成句子

1. ______________________，我下星期再借给你吧。（恰好）

2. 他邀请了我好几次，________________。（难以）

3. 这个运动队____________________。（组成）

4. 上课时学生问了很多问题，________________。（一一）

5. 参加奥运会的运动员____________________。（来自）

6. 我打算________________。（前后）

7. 夏天的夜晚，________________。（天空）

8. 年纪大了，________________。（灵活）

（七）改错句

1. 我的汉语听力日益好了。

____

2. 你来得恰好，帮我修一下电视机吧。

____

3. 昨天下午三点钟的时刻你在哪儿？

____

4. 你借给我的书我会一一看的。

____

5. 明天的比赛你要好好体现。

____

6. 我们班包含我，只有三个男学生。

____

7. 请你把那本书传递给我。

____

8. 2008 年是第 29 次奥运会。

____

（八）综合填空

2002年5月，年仅15岁的丁俊晖为中国夺取了首个亚洲台球锦标赛冠军，成为最年________的亚洲冠军。同年8月31日，他又成为中国第一个世界台球冠军。

开始接触台球那年，丁俊晖只有8岁。那时候，他家附近有一家台球室，他每天放学回来扔下书包就往那里跑。渐渐________，他父亲发现他越打越好，也就________生了让他专业打球的想法。从小学四年级起，丁俊晖开始了半天上学半天练球的“半专业”生活。________然丁俊晖的学习成绩很好，但在初中一年级的时候，他在父母的支持下选了________退学。这样，他每天的训练时间也增________到了10个小时左右。当时，好多同学都很羡________他每天可以有很多时间来打球，可是他们不知道，那时丁俊晖很烦，因为当打球不再是娱乐的时候，它就变成了一种痛________。

（九）选择最合适的词语

在21世纪的今天，科学技术和生产力的___1___都达到了人类社会前所未有的新水平。在生产劳动过程中，人们的脑力劳动起着___2___的作用。人们的体力劳动逐渐___3___脑力劳动所代替，并且还有不断发展的趋势。与此___4___，它也带来了人们在生产劳动过程___5___紧张程度的提高和工作压力的增大。

人们___6___生活和劳动中的体力活动大大___7___，___8___给人们的身体健康带来了很多不利的影响。特别是___9___中国家，也包括中国在内，人们因体力活动减少而___10___的各种疾病的增多就是一个最有力的例证。

1. A. 成长　B. 发展　C. 发挥　D. 提高
2. A. 重要　B. 严重　C. 重视　D. 重叠
3. A. 使　B. 把　C. 被　D. 将

4. A. 相同	B. 相比	C. 同样	D. 同时
5. A. 上	B. 中	C. 里	D. 下
6. A. 平常	B. 正常	C. 日常	D. 照常
7. A. 减少	B. 减轻	C. 增加	D. 增多
8. A. 而且	B. 因而	C. 然而	D. 反而
9. A. 发展	B. 发明	C. 发达	D. 高度
10. A. 产生	B. 发生	C. 生产	D. 诞生

（十）阅读理解

任磊是北京人，他第一次做志愿者（zhìyuànzhě volunteer）是在2001年世界大学生运动会期间。他从所在单位被选拔出来成了一名交通服务志愿者。十五天的服务，十五天没有回家，在体育场门口协助交警指挥交通，跟随外国代表团的车每天来往于赛场和大运村，所有这些工作都让他感到新鲜、快乐。在北京申奥成功那一刻，任磊就在心里想：我一定要在奥运会期间做一名志愿者。

在北京奥运会志愿者报名的第一天，任磊就在网上填写了报名表，申请的项目是他所熟悉的交通服务。当他知道可以做城市志愿者时，就毫不犹豫地加入了宣武区城市志愿服务站点。为了专心做志愿服务，他不顾家人反对辞去工作，成了不拿一分钱的“大忙人”。

自从任磊开始做全职城市志愿者以后，早出晚归成了家常便饭，每天6点多就出门，晚上10点前没有回过家，因为工作努力，他很快从一个普通的站点志愿者变成了宣武区站点负责人。

任磊生长在一个普通家庭，爸爸每天上班，妈妈退休在家，还要照顾住在一个小区里的爷爷和奶奶。起初父母怎么也不能理解他放着挣工资的工作不做，去做一分钱都不挣的事，就每天做他的“思想工作”。后来，任磊因为参与奥运会的很多活动而获得了一个又一个奖状和证书，这时家人觉得他是真正把做志愿者当成了他的事业，就逐渐成为了他的支持者。任磊的妈妈说：“奥运会难得在家门口，就让他去做他喜欢的事吧。”

在任磊的影响下，他的同学、家人也都报名做了志愿者，他在法国留学的同学当了语言服务类志愿者，在饭店工作的姐夫当了赛会志愿者。

根据短文，选择正确答案

1. 下面哪种说法是正确的？（　　）
   A. 任磊来到北京做了一名志愿者
   B. 开始做志愿者时，任磊还在上大学
   C. 任磊第一次做志愿者做了半个月
   D. 任磊第一次做志愿者每天只和交警一起工作
2. 关于任磊，下面哪种说法不对？（　　）
   A. 他每天走得早，回来得晚　　B. 他一直是一名普通的站点志愿者
   C. 他工作非常忙　　D. 他对交通服务很熟悉
3. 在这篇文章中，“家常便饭”是什么意思？（　　）
   A. 经常在家里吃饭　　B. 家里日常吃的饭菜
   C. 很平常的事情　　D. 家里常有这样的事情
4. 下面哪个是家人起初反对任磊做奥运志愿者的原因？（　　）
   A. 父母上班，没有人照顾老人　　B. 早出晚归，对身体不好
   C. 做志愿者没有工资　　D. 他以前从来没有当过志愿者

文化小贴士 Proverbs

同一个世界，同一个梦想

Tóng yí ge shìjiè, tóng yí ge mèngxiǎng

One world, one dream.

本课听说生词

New words in listening exercises

灿烂	召开	女子	演唱	组	厂长	产量	选
纪录	演	金牌	感想	教练	硕士	学位	惊人
字母	场地	沟	气味	设备	先进	乘	孙女
销售	涉及	障碍	人士	领取	申请	俗语	私
私家车	都市	族	法	即	等于	佳	
氧(气)	职工						

第六十九课　感动中国

重点词语：

1. 居然

三个教室居然是被两堵矮墙隔开的

2. 暗暗

当时他暗暗发誓

3. 独自

只剩下徐本禹独自一人在那里上课了

4. 并非

艰苦的生活并非不能忍受

5. 格外

内心的孤独和寂寞才真正令他感到格外痛苦

6. 此外

此外，每到放学后或周末

7. 挨

他还要挨家挨户动员那些旷课和放弃学习的孩子来上学。

8. 而

无数人因为他的故事而感动

功能项目：

自愿为社会服务

一、课　文

2003 年，华中农业大学学生徐本禹考上了公费研究生，但收到录取通知书的那天晚上，他却失眠了。他想起了贵州省大方县的那个建在山洞里的小学。

2002 年暑假，他曾和四个同学在那里进行了二十多天的社会实践。徐本禹从来没有见过那么简陋的教室,三个教室居然是被两堵矮墙隔开的，他感到非常震惊。而课堂上孩子们渴望知识的目光，更是深深打动了他。此刻，他也想起了自己的童年和少年。徐本禹出身于贫困农民家庭，父亲是一名乡村小学教师。他刚上大学时，甚至连一件冬天穿的衣服也没有。一位同学的母亲送了他两件衣服。这是他第一次得到别人的帮助，感受到他人的温暖。当时他暗暗发誓：别人帮助了我，我一定要帮助别人。在大学四年中，他用打工得到的很少的收入，不断帮助那些需要帮助的人。

思考了一个晚上，第二天，徐本禹做出了一个决定：暂时放弃读研究生，去那所山洞小学教两年书，支援那儿的教育。当他把这个决定告诉父亲时，父亲在电话里哭了，过了很长时间，才用颤抖的声音说："我们全家尊重你的选择，孩子，你去吧。”学校也支持他的行动，并同意他两年后可以回来继续读硕士学位。

2003 年 7 月，徐本禹和另外七名志愿者一起来到了这所山洞小学。志愿者们发现这里的生活条件极其艰苦，超出了他们的想象。这是一个没有电、不通车、不通电话，连寄一封信也要走十八公里山路的地方，饮食也极差。这七名志愿者一个接一个地离开了，到 8 月 1 日，只剩下徐本禹独自一人在那里上课了。对从小吃惯了苦的徐本禹来讲，艰苦的生活并非不能忍受，内心的孤独和寂寞才真正令他感到格外痛苦。而且学校的工作也远比他预想的困难，他每周要上六天课，每天上八个小时。除了教语文、数学外，还要教英语、体育、音乐等课程。此外，每到放学后或周末，他还要挨家挨户动员那些旷课和放弃学习的孩子来上学。

2004 年 4 月，他回到母校做了一场报告。谁也没想到，他上台讲的第一句话是：“我很孤独，很寂寞，内心十分痛苦，有几次在深夜醒来，泪水打湿了枕头，我快坚持不住了……”坐在台下的同学们惊呆了，许多人流下了眼泪。可是，报告会的第二天，他又返回了山村。

在徐本禹的努力下，这个山洞中的小学迅速发生了变化。孩子们可以听懂普通话了，甚至可以用半生不熟的普通话和人交流了，学习积极性也有了明显提高。来上学的学生也由原来的一百四十人增加到两百五十人左右。

因此，徐本禹被评为2004年“感动中国”十大人物之一，成为人们学习的榜样。无数人因为他的故事而感动，因为感动而行动……

二、生词

1. 公费	n.	gōngfèi	public or state expense	乙
2. 实践	n./ v.	shíjiàn	practice; put into practice	甲
3. 简陋	adj.	jiǎnlòu	(of house, equipment, etc.) simple and crude	丁
4. 居然	adv.	jūrán	unexpectedly, to one's surprise	丙
5. 课堂	n.	kètáng	classroom, schoolroom	丙
6. 渴望	v.	kěwàng	long for, thirst for	丙
7. 目光	n.	mùguāng	sight, vision, view	丙
8. 打动	v.	dǎdòng	move, touch, arouse	
9. 此刻	n.	cǐkè	now, this moment	丙
10. 出身	v./ n	chūshēn	be descended from; family background	丙

11. 贫困	adj.	pínkùn	poor, impoverished	丁
12. 乡村	n.	xiāngcūn	village, countryside	丙
13. 他人	pr.	tārén	others, other people	丁
14. 暗暗	adv.	àn'àn	secretly, inwardly	丙
15. 发誓	v.o.	fā shì	vow, swear	丁
16. 支援	v./ n.	zhīyuán	assist, support, help	乙
17. 颤抖	v.	chàndǒu	tremble, shake	丙
18. 尊重	v.	zūnzhòng	respect, value, esteem	丙
19. 志愿	v./ n.	zhìyuàn	aspiration; volunteer	丙
20. 超	v.	chāo	exceed, overtake	乙
21. 独自	adv.	dúzì	alone, by oneself	丙
22. 并非	adv.	bìngfēi	actually not	丁
23. 内心	n.	nèixīn	heart, bottom of the heart	丁
24. 真正	adv.	zhēnzhèng	genuine, true; really, in earnest	甲
25. 格外	adv.	géwài	especially, all the more	丙
26. 预想	v./ n.	yùxiǎng	anticipate, estimate; prediction	
27. 语文	n.	yǔwén	language and literature; oral and written	丙
28. 课程	n.	kèchéng	course, curriculum	乙
29. 此外	conj.	cǐwài	besides, in addition	乙
30. 挨	prep./ v.	āi	near; be next to	乙

31. 旷课	v.o.	kuàng kè	be absent from school without leave; cut school	
32. 母校	n.	mǔxiào	alma mater	
33. 深夜	n.	shēnyè	deep in the night, late at night	丙
34. 枕头	n.	zhěntou	pillow	丙
35. 呆	adj.	dāi	dull, blank	乙
36. 返	v.	fǎn	return, come (go) back	丙
37. 普通话	n.	pǔtōnghuà	Mandarin Chinese	丙
38. 积极性	n.	jījíxìng	initiative, positivity	乙

专名

1. 华中农业大学	Huázhōng Nóngyè Dàxué	Huazhong Agriculture University
2. 徐本禹	Xú Běnyǔ	*name of a person*
3. 贵州省	Guìzhōu Shěng	Guizhou province
4. 大方县	Dàfāng Xiàn	Dafang county

本课新字

践 陋 誓 援 颤 旷 枕 返

三、重点词语

（一）居然 unexpectedly, to one's surprise

［副］表示出乎意料，超出常理。多用于不可能、不应该发生的事情发生了，很难做到的事情竟然做到了。用于动词、形容词前面，也可用于句首。如：

[adv.] It means out of expectation, out of normal reason. It is mainly used in something impossible or should not occur, or something hard to do but is actually done. It is used before a verb or an adjective, and it can also be used at the beginning of a sentence. For example;

（1）我们昨天才见过面，今天他居然说不认识我。

（2）老王的女儿居然那么漂亮，真没想到。

（3）今天下大雨，老师以为有人会迟到，结果居然每个同学都准时到了。

（二）暗暗 secretly, inwardly

［副］表示行为、动作不公开或没有声音地进行，心理活动在别人面前不显露出来。修饰动词，后面可以带"地"。如：

[adv.] It means that an action or movement is processing without being known, and one's psychological activities are not shown to others. Followed by 地, it modifies a verb. For example:

（1）他暗暗用眼睛看了我一眼，让我别说话。

（2）看到别的同学进步很快，我暗暗地对自己说："一定要赶上去。"

（3）不知从什么时候开始，他暗暗喜欢上了她。

比较："暗暗"、"悄悄"和"偷偷"

Compare: 暗暗 with 悄悄 and 偷偷

行动不让人知道，不出声音或声音很小地做某种动作，只能用“悄悄”。“悄悄”不能修饰心理活动。如：

When an action is done without being known, or something is being done with a very low voice or even without voice, 悄悄 can be used only. 悄悄 can not modify one's psychological activities. For example:

(1) 电影已经开始了，他悄悄找到自己的座位，坐了下来。

* 电影已经开始了，他暗暗找到自己的座位，坐了下来。

(2) 看到考试题目，他暗暗高兴起来。

* 看到考试题目，他悄悄高兴起来。

“偷偷”表示“不让别人发觉”时，有“害怕、担心别人发觉”的意思。如：

The phrases 偷偷 denotes “not to be discovered”, meaning “to be afraid of or worry about being found”. For example:

(1) 小偷看见警察来了，就偷偷躲起来了。

(2) 心情不好时，她常常偷偷地在房间里哭。

(三) 独自 alone, by oneself

[副] 表示自己一个人，单独地。强调不和别人在一起。

[adv.] It denotes independently, all by oneself. It emphasizes with no body else.

1\. 用在动词或形容词的前面。如：

It is used before a verb or an adjective. For example:

(1) 昨天下午我独自去看了一场电影。

(2) 知道了考试成绩以后，他独自在那儿高兴呢。

2\. 常和数量短语“一人”、“一个”连用。

It is often used together with quantity phrase 一人 or 一个.

(1) 你怎么独自一人回来了？

(2) 今天父母都不在，就我独自一个在家。

（四）并非　actually not

［副］就是“并不是”的意思。加强否定的语气。一般在不同意对方的说法、反驳对方时使用。后面常和“只是”、“而是”、“是”等连用。可用于句首。如：

[adv.] It means “actually not”, emphasizing the negative tone. Usually it is used to disagree one's opinion or to argue other's point of view. It is usually used together with 只是，而是 and 是 after it, and it can be used at the beginning of a sentence. For example:

（1）我并非不想去看电影，只是最近实在忙了。

（2）并非每个人的想法都和你一样。

（五）格外　especially, all the more

［副］表示程度超出了一般的情况，有“更加”的意思。用在形容词和动词性成分前，在句中做状语。前面不能加否定副词，后面多与双音节词配合使用。如：

[adv.] It denotes that the degree has exceed the general situation, meaning 更加 (more). It is used as an adverbial before an adjective or a verb. It cannot be added by a negative adverb before. Frequently it is combined with a double-syllable word after it. For example:

（1）下过雨后，空气显得格外新鲜。

（2）这个消息让人格外高兴。

比较：“格外”和“特别”

Compare: 格外 with 特别

1. “格外”和“特别”都是副词，在句中修饰形容词和动词，表示程度高于一般，有时可以互换。如：

Both 格外 and 特别 are adverbs. They modify adjectives or verbs in sentences, meaning higher than the usual degree. Sometimes they can interchange with each other. For example:

（1）考试结束后，大家的心情都格外（特别）愉快。

（2）今天是天气格外（特别）晴朗。

2. 如果被修饰的词带有贬义时，一般用“特别”。如：

If the word modified is of derogatory sense, usually 特别 is used. For example:

（1）那个人特别坏。

* 那个人格外坏。

（2）听说那部电影特别没意思，我们就别看了吧。

* 听说那部电影格外没意思，我们就别看了吧。

3. “特别”在句中常和“是”连用，起强调作用。“格外”没有这种用法。如：

The phrase 特别 is uaually used together with 是, for emphasizing. However, there is not such a usage for 格外。 For example:

这座城市很美，特别是春天。

* 这座城市很美，格外是春天。

4. “特别”还是形容词，可以表示“不普通”、“与众不同”。而“格外”只是副词。如：

Sometimes, the phrase 特别 is an adjective, meaning not common, different from others. However, 格外 is only an adverb. For example:

（1）这件衣服很特别。

* 这件衣服很格外。

（2）这个人身上有些特别的地方。

* 这个人身上有些格外的地方。

（六）此外 besides, in addition

［连］表示除了上文所说的事物和情况之外的，还有别的或没有别的。多用于书面语。常用来连接分句、句子或段落。用于肯定式时，后面常有“还”、“也”等。如：

[conj.] It denotes that besides what is mentioned in the above text, there is something else or nothing. It is mainly used in written Chinese. It connects clauses, sentences or paragraphes. In affirmative form, it is often followed by 还, 也 and so on. For example:

（1）我去超市买肉和面包，此外还想买一些学习用品。

（2）这个星期天我们去帮小王搬家，此外，小李他们几个也去。

（3）他只喜欢看书，此外没有什么别的爱好了。

比较：“此外”和“另外”

Compare： 此外 with 另外

1. “此外”多用于书面语，“另外”多用于口语。

The phrase 此外 is mainly used in written Chinese while 另外 in spoken Chinese.

2. “此外”只有连词用法，而“另外”还有副词和代词用法。如：

The phrase 此外 can only be used as a conjunction while 另外 can be used as an adverb and pronoun as well. For example:

（1）不和你多说了，我另外还有事。

* 不和你多说了，我此外还有事。

（2）除了波伟，另外的人都参加了。

* 除了波伟，此外的人都参加了。

（七）挨　near, be next to

［动］表示靠近、紧接着。如：

[v.] It means near, next to. For example:

（1）我和他家挨得很近。

（2）孩子喜欢挨着妈妈坐。

［介］表示顺着先后次序，一个一个地。如：

[prep.] It denotes the sequence, one by one. For example:

（1）上公共汽车时不要挤，大家挨着上。

（2）把本子放在桌上，老师挨个检查。

课文中的“挨家挨户”表示按顺序去每一家每一户。如：

The expression 挨家挨户 in the text means to visit every home in a sequence. For example:

（1）春节前，很多学校都派人挨家挨户去看望退休教师。

（2）他挨家挨户去通知别人，报告这个好消息。

（八）而 **and that, moreover**

［连］“而”连接动词、形容词或者由它们构成的短语，以及小句或句子，除了表示转折和并列关系以外，还连接有因果关系的前后部分，原因和目的在“而”的前面，结果在“而”的后面。表示原因和目的部分常有“因为”、“为了”、“为”、“由于”等词语。如：

[conj.] The word 而 connects verbs, adjectives, the phrases with verbs or adjectives and clauses or sentences. It denotes the disjunctive or co-ordinate relationship. Besides, it can connect the causal former and back parts. Cause or purpose is placed before 而 and the result is placed after it. The parts of cause or purpose are often introduced by 因为 (because), 为了 (in order to), 为 (for), 由于 (due to) and so on. For example:

（1）他是为了找工作而去的上海。

（2）大家为演员们的精彩表演而鼓掌。

四、练 习

（一）朗读短语

公费学习	公费出国	公费留学	深情的目光	喜悦的目光
贫困家庭	贫困学生	贫困的生活	颤抖的双手	颤抖地说
渴望上学	渴望回家	学士学位	硕士学位	博士学位
我的志愿	第一志愿	独自在家	独自学习	独自生活
三门课程	课程很多	选择课程	学习的积极性	提高积极性

（二）选词填空

挨	独自	而	评	发誓	打动	居然	并非	超	预想

1. 很多观众都被这部电影深深________了。
2. 你的行李________了两公斤，你看怎么办？
3. 坐飞机时，我喜欢________着窗户坐。
4. 我向你________，我从来没有说过这种话。
5. 父母怎么能让这么小的孩子________在家呢？
6. 我们认识半年了，你________连我的名字都不会写。
7. 你听说了吗？我们班表演的节目________上了一等奖。
8. 他的病比我________的严重得多。
9. 妈妈因为高兴________流下了眼泪。
10. 只要自己努力了就可以了，________做什么事都会成功的。

（三）选择合适的词语

1. 吃了药以后，你________怎么样？（感受　感觉）
2. 请大家谈谈学习汉语的________。（感受　感觉）
3. 听了父母的话，我________下定决心，不让他们失望。（暗暗　悄悄）
4. 在图书馆里，他________走到了我身边。（暗暗　悄悄）
5. 这把伞你拿去用吧，我________还有一把。（另外　此外）
6. 我哥哥________懒，总是让别人帮他整理房间。（格外　特别）
7. 你往里面________一点，好，现在开始照了。（挨　靠）
8. 排队时，请大家一个________着一个，不要乱。（挨　靠）
9. 你的意见是对的，我们大家都________你。（支援　支持）
10. 农村缺少教师，很多大学生毕业主动去农村________。（支援　支持）

（四）根据课文回答问题

1. 徐本禹是什么人？
2. 他对什么感到震惊？为什么？
3. 他为什么要帮助别人？他是怎样做的？
4. 他的父亲为什么哭了？
5. 同去的志愿者中为什么最后只有他一个人留下来了？
6. 他在山洞小学是如何工作的？
7. 他觉得什么最苦？
8. 人们觉得他的努力值得不值得？为什么？

（五）用所给词语改写句子

1. 没想到，这么小的孩子把那个大包拎起来了。（居然）

____

2. 他并不是你说的那种人。（并非）

____

3. 这件衣服很适合你，你穿后显得特别漂亮。（格外）

____

4. 我去上海开会，另外顺便看看老朋友。（此外）

____

5. 你们俩不要站得那么近。（挨）

____

6. 我一定要努力实现自己的愿望。（发誓）

____

（六）用所给词语完成句子

1. 他为什么要向她道歉？______________________。（而）
2. 她喜欢______________________。（独自）

3. ________________，谁都可以报名参加。 (并非)

4. 原来是你啊，________________。 (居然)

5. 大热天的，________________。 (挨)

6. 他对中国的京剧很感兴趣，________________。 (此外)

7. 我没有想到，________________。 (简陋)

(七) 改错句

1. 你别等了，他已经暗暗走掉了。

____

2. 我只有现在有空，此外的时间都很忙。

____

3. 这个孩子最近格外不愿意在家弹钢琴。

____

4. 我们打动了那部电影。

____

5. 他病了却无法上课。

____

(八) 选择合适的词语

教给我知识的老师很多，他们都留在我的记忆深处，____1____，李老师是我最喜欢的老师之一。他讲课很有趣，说话很幽默，我们都很爱听。有一天，老师正在讲《燕子》这一课，突然从门外____2____两只燕子来，____3____，我们惊叫了起来。老师先没有说话，等大家稍微安静下来以后，他说："你们看，我讲课把燕子都引来了，它们都听懂了我的意思，不知你们听懂了没有？"教室里立刻安静____4____，大家知道这是老师在批评我们呢。

还有一次，那是在毕业前的一个下午，李老师正在认真地讲一____5____题时，下课铃响了，恰好班上一位同学的报时表也响了起来，我们的____6____一下分散了，开始老师好像有点儿____7____，可他却没有表现出来，而是神秘地一笑说："这是饥饿报警器（bàojǐngqì alarm），该下课吃饭了。"____8____我们便在笑声中走出了教室。

1. A. 中间	B. 之间	C. 其中	D. 之中
2. A. 走进	B. 飞进	C. 冲进	D. 跑进
3. A. 立刻	B. 马上	C. 顿时	D. 及时
4. A. 起来	B. 出来	C. 过来	D. 下来
5. A. 条	B. 件	C. 道	D. 份
6. A. 吸引力	B. 注意力	C. 压力	D. 力量
7. A. 痛苦	B. 高兴	C. 愉快	D. 生气
8. A. 所以	B. 于是	C. 因此	D. 因而

（九）阅读理解

中国的希望工程是一项社会公益事业，它开始于1989年10月。其目的是建立希望工程基金，资助贫困地区的失学儿童继续学业，改善贫困地区的办学条件，促进贫困地区基础教育事业的发展。

希望工程的宣传照是一个长着一双大眼睛的少女，题为"我要上学"。这张照片给人留下了很深的印象。照片上的女孩叫苏明娟，1983年出生于安徽农村的一个普通家庭，她的父母亲都是初中毕业，虽然文化程度不高，但都非常纯朴、善良，他们深知文化知识的重要性，为了让苏明娟和她弟弟上学，全家人省吃俭用。

1991年5月，一位记者来到苏明娟的家乡采访拍摄希望工程，他跑了十几个村庄，最后来到了苏明娟的学校。当时苏明娟是小学一年级学生，这位记者发现课堂上的苏明娟有着一双特别能代表贫困山区孩子渴望读书的"大眼睛"，就拍了一张照片，画面为一个手握铅笔头、两只直视前方对求知充满渴望的大眼睛小女孩，题为“我要上学”。照片发表后，很快被登在国内各大报纸杂志上，中国希望工程也把它作为宣传照，苏明娟也成了希望工程的形象代表。从此，这个有着一双明亮“大眼睛”的八岁女孩渴望求学的目光，就和希望工程连在了一起，打动了无数热心希望工程事业的人。

高中一年级时，苏明娟作为优秀学生被选为全国“希望之星”，受到国家希望工程的重点资助，每学期资助学费四百元。这以后，苏明娟学习得更加刻苦，她努力用优异的学习成绩来回报国家。

2002年，苏明娟参加了高考，被安徽大学录取，实现了她的大学梦。上了大学后，作为“希望之星”的她，主动请求停止对她在大学期间的相关资助，希望将这部分钱转给更多需要帮助的贫困学生，她要凭自己的努力去完成学业。

根据短文内容，选择正确答案

1. 关于苏明娟的家庭，下面哪种情况短文中没有提到？（　　）

   A. 他们家的人口　　　　B. 父母的文化程度

   C. 他们家的收入　　　　D. 他们家的生活

2. 记者为什么要给苏明娟拍照？（　　）

   A. 她长得很漂亮　　　　B. 她的大眼睛有对知识的渴望

   C. 她是希望工程的代表　　D. 她要上大学了

3. 希望工程一个学期资助“希望之星”多少钱？（　　）

   A. 两百元　　B. 四百元　　C. 六百元　　D. 八百元

4. 关于这张照片，下面哪种说法是正确的？（　　）

   A. 是在照相馆照的　　　　B. 是下课后照的

   C. 是老师给照的　　　　　D. 是一个记者照的

（十）写作

请自拟题目，从给出的 15 个词中选择 8 ~ 10 个写一篇和老师有关的作文，字数在 300 字左右。

目光　居然　打动　格外　暗暗　课程　渴望　发誓　并非　而
独自　感受　预想　此外　贫困

文化小贴士 Proverbs

中国传统的三大节日
Zhōngguó chuántǒng de sān dà jiérì
Three Chinese Traditional Festivals:
春节、端午节、中秋节
Chū Jié、Duānwǔ Jié、Zhōngqiū Jié
the Spring Festival, the Dragon-Boat Festival, the Mid-Autumn Festival

本课听说生词
New words in listening exercises

随	奖金	降落	报	青年	歌手	合理	泼
例如	局长	批准	山区	广泛	广大	街头	巷
忙碌	围绕	维护	秩序	现场	公益	符合	岗位
具备	技能	海外	华人	提供	协会	光荣	领域
综合	玫瑰	香味	缺乏	付出	片面	芬芳	总结

第七十课　汉语的魅力

重点词语：

1. 中

　从很多种语言里选中了汉语

2. 拥有

　他拥有自己的网站

3. 从而

　从而使自己的文章能带有一些文学色彩

4. 逐步

　是从描绘事物的图画中逐步变出来的

5. 难免

　刚开始时，难免会觉得很难

6. 多半

　那个形状像山的多半是“山”字

7. 持续

　中国经济的持续快速发展

功能项目：

谈语言学习

一、课　文

一转眼，美国人大卫来中国已经六年了。大卫在美国读大学时，从很多种语言里选中了汉语作为选修外语，因为他觉得汉字具有一种独特的魅力。大学毕业后，他来到中国，读语言学专业的研究生。大卫热爱汉语，他拥有自己的网站，还建了一个中文博客。

起初，大卫建中文博客，只不过是想采用这种方式练习汉语，他打算写一些生动有趣的故事。由于平时比较忙，他的文章写得都比较简短。不久他便发觉，与说汉语相比，用汉字写文章很不轻松。但令大卫感到高兴的是，通过博客，他认识了一些同样热爱汉语的朋友，其中有外国人，也有中国人。有些热心的网友还指出他文章中出现的错误，并告诉他如何改正。现在，大卫用中文写作的热情大大提高了。他觉得自己的博客写得太简单了，打算多读一些中国文学作品，从而使自己的文章能带有一些文学色彩。

像大卫这样由外国人建的中文博客，在互联网上还有二十多个。他们无论身在哪个国家都对中文有着浓厚的兴趣。有的外国人干脆把“喜爱学中文的美国老外”、

"洋人的中文学习"等当做自己博客的名字。

汉语吸引着世界上许许多多不同肤色的人，可见它的魅力非常大。那么，汉语的魅力究竟在哪里呢？

汉语是世界上最奇妙的语言之一。汉语的声调及其变化，使它具有音乐之美。而汉字是世界上最古老的文字之一，从字形上来看，由于汉字的出现与图画有着密切的关系，是从描绘事物的图画中逐步变化出来的，所以有些汉字好像是一幅画。当然，汉字也随着社会的发展而不断演变，现在很多汉字已经没有那么强的图画色彩了。

来自哥伦比亚的卡思，当初决定学汉语的时候，对中国的历史、文化等都缺乏了解。他就上了很多关于中国和汉语的网站，发了许多电子邮件询问有关情况。有一天，他收到了一封从中国发来的信。一个中国姑娘用英文写道："我和你素不相识，但我知道你打算学汉语。汉语是一门需要用心学习的语言，刚开始时，难免会觉得很难，但我相信你会努力的。在信的下面，你可以看到两个汉字：'山'字和'水'字，如果你能区别出哪个是'山'，哪个是'水'，你就一定可以学好汉语。信的后面有答案。"卡思觉得很有趣，他仔细看了看，猜想那个形状像山的多半是"山"字，找到答案一看，果然答对了。神奇的汉字引起了他学习汉语的兴趣，从此，他就把会说流利的汉语作为学习的目标。

当前，世界各国学汉语的人越来越多，他们在由汉字组成的汉语世界里，了解中国，感受中华民族灿烂文化的魅力。而中国经济的持续快速发展、国际地位的不断提高，也推动汉语加快脚步迈向世界。汉语正成为连接中国和世界各国、增进中国人民和世界各国人民相互了解的桥梁。

二、生词

1. 选修	v.	xuǎnxiū	take as an elective course	丙
2. 中	v.	zhòng	hit, fit exactly	丙
3. 魅力	n.	mèilì	charm, fascination, glamour	
4. 拥有	v.	yōngyǒu	possess, have, own	丁
5. 博客	n.	bókè	Blog	
6. 采用	v.	cǎiyòng	use, adopt	乙
7. 简短	adj.	jiǎnduǎn	brief, short	丁
8. 发觉	v.	fājué	find, detect, discover	丙
9. 指出	v.	zhǐchū	indicate, point out	乙

10. 改正	v.	gǎizhèng	correct, amend	乙
11. 写作	v.	xiězuò	write, compose	丙
12. 从而	conj.	cóng'ér	thus, thereby	乙
13. 互联网	n.	hùliánwǎng	internet network	
14. 浓厚	adj.	nónghòu	(*of interest*) great, strong	丁
15. 洋	adj.	yáng	foreign, modern; ocean	丙
洋人	n.	yángren	foreigner	
16. 当做	v.	dàngzuò	treat as, regard as	乙
17. 肤色	n.	fūsè	color of skin	
18. 声调	n.	shēngdiào	tone, the tone of Chinese characters	甲
19. 字形	n.	zìxíng	character pattern, form of a character	
20. 描绘	v.	miáohuì	describe, paint	丁
21. 逐步	adv.	zhúbù	step by step, gradually	乙
22. 演变	v.	yǎnbiàn	develop, evolve	丁
23. 当初	n.	dāngchū	in the beginning, at that time	丙
24. 询问	v.	xúnwèn	ask about, enquire about	丙
25. 素不相识	v. (c.)	sù bù xiāngshí	be strangers to each other	丁
26. 难免	adj.	nánmiǎn	unavoidable, hard to avoid	丁
27. 猜想	v./ n	cāixiǎng	suppose; guess	丙
28. 多半	adv.	duōbàn	most probably	丙
29. 目标	n.	mùbiāo	objective, target, goal	乙

30. 当前	n.	dāngqián	present	乙
31. 持续	v.	chíxù	last, sustain, continue	丁
32. 快速	adj.	kuàisù	fast, quick, high-speed	丁
33. 推动	v.	tuīdòng	push forward, promote	乙
34. 加快	v.	jiākuài	accelerate, quicken, speed up	
35. 脚步	n.	jiǎobù	step, pace, footstep	丙
36. 迈	v.	mài	step, stride	乙
37. 连接	v.	liánjiē	connect, joint	丙
38. 桥梁	n.	qiáoliáng	bridge, person or thing that serves as a link	乙
39. 增进	v.	zēngjìn	enhance, promote	丙

专名

1. 大卫	Dàwèi	*name of a person*
2. 哥伦比亚	Gēlúnbǐyà	Colombia
3. 卡思	Kǎsī	*name of a person*

本课新字

魅 拥 绘 迈

三、重点词语

（一）中 hit, fit exactly

1. ［动］表示正符合预期目的。如：

[v.] It means to accord with the expected purpose. For example:

中奖　　中选　　中彩票　　中状元　　百发百中

2. ［动］遭受（不好的事情），后面一定要带名词宾语。如：

[v.] Come across (something bad). It must be followed by a noun object. For example:

中毒　　中枪　　中了他们的圈套

3. ［动］用在“看”、“说”、“猜”、“选”、“挑”、“打”、“射”、“击”等动词后做结果补语，表示达到目的。如：

[v.] It acts as a result complement after verbs such as 看(look), 说(talk), 猜(guess), 选 (select)、挑(choose), 打(hit), 射(shoot), 击(beat) and so on, meaning to achieve the aim. For example:

（1）妈妈看中了一件羊毛大衣。

（2）你的心事是不是被我猜中了？

（二）拥有 possess, have, own

［动］表示“有”的意思。宾语一般是大量的土地、人口、财产、资源、权力等。如：

[v.] It denotes 有(have). Its object is usually a large quantity of land, population, properties, resources, power and so on. For example:

（1）中国拥有九百六十万平方公里的土地。

（2）这所高校拥有很多优秀的教师。

注意　**Note:**

数量少、体积小、价值低的具体名词一般不用"拥有"。如：

Usually, the phrase 拥有 is not used in concrete nouns of small quantity, small volume and low value. For example:

* 他们家拥有一辆自行车。

* 我拥有一支铅笔。

（三）从而　thus, thereby

［连］连接主语相同的两个小句，用在后一个小句的开头，引出结果或进一步的行动。有"因此就"、"于是"的意思。前一个小句表示原因、条件或方法等。多用于书面语。如：

[conj.] It connects two clauses with the same subject, and it is used at the beginning of the second clause, introducing the result or a further action, meaning 因此就 (therefore) or 于是 (and then). The former clause denotes the cause, condition or method. It is mainly used in written Chinese. For example:

（1）这个足球队坚持刻苦训练，从而获得了好成绩。

（2）实验终于成功了，从而解决了山区用电难的问题。

（四）逐步　gradually

［副］一步一步，慢慢地进行。如：

[adv.] step by step, slowly. For example:

（1）在他的努力下，他的汉语水平逐步提高了。

（2）中国的经济是逐步发展起来的。

比较："逐步"和"逐渐"

Compare: 逐步 with 逐渐

1. "逐步"只能修饰动词，不能修饰形容词，而"逐渐"可以修饰动词和形容词。如：

The word 逐步 can only modify verbs, not adjectives, but 逐渐 can modify both verbs or adjectives. For example:

(1) 他的病逐渐好起来了。

* 他的病逐步好起来了。

(2) 现在全球的气候都在逐渐变暖。

* 现在全球的气候都在逐步暖和。

2. "逐步"多指行动有意识、有目的地发展变化，而"逐渐"强调事物或状态自然地发展变化。如：

The phrase 逐步 mainly refers to conscious actions, to purposeful development, while 逐渐 focuses on the natural development of a thing or a state. For example:

(1) 我们要逐步解决环境污染问题。

* 我们要逐渐解决环境污染问题。

(2) 我长大后，逐渐明白母亲的话是对的。

* 我长大后，逐步明白母亲的话是对的。

(五) 难免 hard to avoid

[形] 不容易避免。

[adj.] not easy to avoid

1. 主要用在动词前。如：

It is mainly used before a verb. For example:

(1) 不锻炼身体，难免会生病。

(2) 好朋友之间有时也难免产生矛盾。

2. 用在名词前面，必带"的"。如：

It must be followed by 的 when it is used before a noun. For example:

(1) 上下班时交通拥挤是难免的现象。

(2) 孩子刚会走路时常常摔倒，这是难免的事。

3. 常用在“是……的”结构中间。如：

It is often used in the structure of “是……的”. For example:

（1）工作中出错是难免的。

（2）平时学习不认真，考不上大学那是难免的。

（六）多半　probably, approximately

［副］大概、也许。

（1）这么大的冰箱，一个人多半搬不了。

（2）喊了几声都没人答应，他多半是不在家。

（七）持续　go on, continue

［动］表示某种动作或情况在一定时间内延续着。不能带宾语，可以带补语。如：

[v.] It denotes that a certain action or situation continues within a certain period of time. It can be followed by a complement, but not an object. For example:

（1）他的坏情绪一直持续到了晚上。

（2）这场足球赛一直持续了三个小时。

比较：“持续”和“继续”

Compare: 持续 with 继续

“持续”和“继续”都是动词。“持续”指某种情况或动作延续不断。而“继续”是指把某种活动连下去、延长下去、不间断。这两个词在使用时，主要有以下两点不同：

Both of 持续 and 继续 are verbs. 持续 denotes that a certain situation or action continues, while 继续 denotes to keep on or extend a certain activity without stop. There are two different points as the following:

1. “继续”可带动词宾语，而“持续”不能带宾语。如：

The phrase 继续 can be followed by an verb object, while 持续 can not. For example:

(1) 大学毕业后，她想继续读研究生。

* 大学毕业后，她想持续读研究生。

(2) 他转过身，继续看书。

* 他转过身，持续看书。

2. “持续”表示动作、情况连续不断，中间没有间隔。而“继续”表示动作前后相连，可以连续不断，也可以有间隔。如：

The phrase 持续 denotes that the action or situation continues without a pause, while 继续 denotes that the former and later of an action are connected, they may continues with or without a pause. For example:

(1) 这种不正常的现象持续不了多久了。

(2) 我们休息十分钟，再继续开会。

四、练 习

(一) 朗读短语

选代表	选演员	具有意义	具有能力	具有吸引力
指出问题	指出错误	大大提高	大大增加	大大方便
当做礼物	当做亲人	改正缺点	改正过来	注意声调
询问地址	询问情况	增进友谊	增进了解	增进合作
学习的目标	人生的目标	没有目标	持续发展	持续高温

（二）选词填空

从而　多半　难免　中　逐步　拥有　当初　发觉　连接　魅力

1. 听说他被学校乒乓球队选________了。
2. 我________他最近心情不大好，经常发脾气。
3. 你看他的样子，这次考试________没有通过。
4. 没关系，刚学会开车，________会紧张。
5. 中国现在________十三亿人口。
6. ________你可不是这么说的。
7. 你一定要多听多练，________实现在半年内通过HSK三级的目标。
8. 父母教育孩子________认识世界。
9. 每个人都有可能成为一个有________的人。
10. 断了的电话线被小王________起来了。

（三）选择合适的词语

1. 我们学校图书馆________的图书数量是最多的。　（拥有　具有）
2. 他的这幅画________很高的艺术性。　（拥有　具有）
3. 我和他的友谊________了好几年。　（持续　继续）
4. 请你________说下去。　（持续　继续）
5. 他的身体________恢复了健康。　（逐步　逐渐）
6. 这二十多年来，农民的生活________得到了改善。　（逐步　逐渐）
7. 由于他家住得很远，________他决定买一辆车。　（从而　因而）
8. 妹妹决定去考电影学院，________实现自己的明星梦。
（从而　因而）

（四）根据课文回答问题

1. 大卫为什么要学习汉语？
2. 大卫建博客的目的是什么？

3. 大卫为什么对自己的博客不太满意？他打算怎么办？
4. 汉语为什么吸引了很多外国朋友？
5. 卡思因为什么把会说流利的汉语当做了自己的目标？
6. 为什么现在学习汉语的外国人越来越多？
7. 谈谈你为什么选择了学习汉语？

（五）改写句子

1. 我猜对了他在想什么。（中）

   ______________________________。

2. 这家公司认真进行了研究，使自己的产品进入了国际市场。（从而）

   ______________________________。

3. 一个人在国外会想家。（难免）

   ______________________________。

4. 今天一个我不认识的人帮助了我。（素不相识）

   ______________________________。

5. 这一个星期，她一直都在感冒。（持续）

   ______________________________。

（六）用所给词语完成句子

1. 最近几年，__________________。（大大）
2. 你别着急，__________________。（难免）
3. 我的同屋对我一直很关心，__________________。（当做）
4. 他改变了学习的方法，__________________。（从而）
5. __________________，现在成了有名的运动员了。（当初）
6. 谁都有缺点，__________________。（改正）
7. 你听说了吗？__________________。（中+V）

8. 这场雨，______________(持续)，什么时候才能停啊？

(七) 改错句

1. 王老师的头发也逐步变白了。

____

2. 我非常希望了解中国和增进汉语。

____

3. 努力学习，成绩难免好。

____

4. 每次答错的时，我的脸都很红。

____

5. 积极锻炼身体，因而达到减肥的目的。

____

6. 大雨过后，他们又持续开始修路了。

____

7. 当初我刚到了北京，不习惯那里的生活。

____

8. 不管我们来自不同的国家，汉语把我们接在了一起。

____

(八) 选择正确答案

以下每个句子中都有一个画线的词语，ABCD 四个答案是对这一画线词语的不同解释或跟它意思相近的词，请选择最接近该词语的一个答案：

1. 经过一段时间的刻苦学习，他的成绩<u>有</u>了明显的提高。（　　）

A. 达到　　B. 存在　　C. 取得　　D. 出现

2. 这本汉语书对他来说太<u>深</u>了。（　　）

A. 大　　B. 多　　C.难　　D. 厚

3. 他总说汉语<u>不好学</u>。（　　）

A. 不喜欢学　　B. 不容易学　　C. 学不好　　D. 不想学

4. 我被她的故事<u>打动</u>了。（　　）

A. 激动　　B. 影响　　C. 感动　　D. 打扰

5. 今天上课时，他<u>居然</u>睡着了。（　　）

A. 竟然　　B. 终于　　C. 偶然　　D. 总算

6. 独生子女问题已<u>日益</u>成为全社会共同关注的问题。（　　）

A. 更加　　B. 逐渐　　C. 完全　　D. 迅速

7. 我<u>一时</u>想不起来这个词的用法了。（　　）

A. 平时　　B. 一个小时　　C. 临时　　D. 一个时期

（九）选择合适的词语

目前，学习疲劳是中小学生比较普遍的现象。学习疲劳是学生在＿＿1＿＿学习之后出现的一种不正常的生理、心理状态，如果不及时采取措施，发展＿＿2＿＿对孩子十分不利。

学习应该做到科学用脑。一次学习时间不宜＿＿3＿＿，要像学校安排课间休息一样，在做家庭作业的过程中安排休息。学习多长时间＿＿4＿＿，根据每个孩子的情况而定，但一定要分段学习，中间隔十到十五分钟。休息也应采取积极＿＿5＿＿，参加轻微的体育活动，如快步走、深呼吸、做几节体操等；或者听一支曲子、唱两首歌、朗诵一首诗歌等。＿＿6＿＿，让脑子休息，全身放松，多吸氧气。如果孩子不能控制自己，可以用闹钟，家长＿＿7＿＿提醒。

克服学习疲劳的问题，需要家长提高对学习规律，特别是用脑卫生的认识，并把有关道理与孩子进行＿＿8＿＿，让孩子也明白科学用脑的常识，共同采取可行的措施。

1. A. 继续　B. 连续　C. 陆续　D. 手续
2. A. 起来　B. 出来　C. 下去　D. 下来
3. A. 太短　B. 太少　C. 太紧　D. 太长
4. A. 合适　B. 适应　C. 适合　D. 适当
5. A. 方面　B. 方式　C. 方法　D. 方向
6. A. 可见　B. 从此　C. 总之　D. 再说
7. A. 时刻　B. 及时　C. 当时　D. 暂时
8. A. 交流　B. 交换　C. 交际　D. 交谈

（十）阅读理解

说起在中国生活的外国人，加拿大人大山不敢说最有名气，也算是数一数二的。他能说一口比不少中国人还地道的普通话，是个中国通。现在他有一个中国妻子和两个可爱的孩子。

其实，早在1922年，大山的爷爷就作为外科医生被派到过中国。老人不会想到在六十多年之后，他的孙子会再次来到这片土地，成了一位中国人熟知的外国人。大山说："爷爷的经历虽然和我学习中文、在中国安家没有直接的联系，但我们全家和中国的缘分（yuánfèn fate）似乎早就结下了。"

大山开始学习中文是因为好奇心。一年夏天打工的时候，他认识了一个在加拿大生活的中国朋友，工作不忙的时候，朋友就教他几句中文。大山发现中文和自己国家的文化、语言差别很大，他觉得很有意思。上个世纪80年代初，一个偶然的机会，大山在多伦多大学选修了中国语言文学。当时一本加拿大商业杂志的封面（fēngmiàn cover）让大山至今难以忘记。杂志的封面将两个大大的汉字画成了一座高山的样子，山下的一群人面对高山毫无办法。封面上的标题（biāotí title）这样写道："我们现在学得最少的语言，恰好是将来我们最需要的语言。"

刚开始，大山学习中文时，同学们都说他傻，说："如果为了以后做外贸，那还不如学习日语呢！"然而，大山却坚持选择了中文。因为神秘、古老的中国文化深深吸引了他。

大山从多伦多大学本科毕业后，申请了奖学金，来到北京大学进修中文。大山原来并不叫“大山”，他的英文名字叫 Mark Rowswell，中文名字是路世伟。1988 年，在春节联欢晚会上，他表演了小品《夜归》中的许大山。这个小品很受欢迎，小品中的人物“大山”便成了他后来的中文名字。在中国，知道“大山”这个名字的人要比知道他原名的人多好几个亿呢！大山感动地说：“作为一个外国人，在异国他乡能被这么多人亲切地叫着，真是把我当做自己人了。”

根据短文内容，选择正确答案

1. 短文中的“数一数二”是什么意思？（　　）

A. 数数字　　B. 一和二　　C. 他们家的收入　　D. 很突出

2. 下面哪一个原因和大山来中国学习汉语完全没有关系？

A. 爷爷以前来过中国　　B. 有一个中国好朋友

C. 中国神秘而古老的文化　　D. 一本商业杂志的封面

3. 关于“大山”这个名字，下面哪个说法是对的？

A. 和他的原名发音一样　　B. 他喜欢大山

C. 是小品中的人名　　D. 是朋友给他取的

4. 关于大山，下面哪种情况是正确的？

A. 他是从 1980 年开始学习汉语的

B. 大学四年级时他来到了中国

C. 在庆祝元旦的晚会上他表演了小品

D. 现在他对中国的情况非常了解

5. 大山说“把我当做自己人了”是什么意思？

A. 人们想成为大山那样的人　　B. 人们把他当做关系密切的人

C. 人们把他当成了自己　　D. 人们认为他就是外国人

文化小贴士 Proverbs

汉字的演变 Hànzì de yǎnbiàn

Evolvement of Chinese Characters

甲骨文、金文、篆书、隶书、楷书、行书

jiǎgǔwén, jīnwén, zhuànshū, lìshū, kǎishū, xíngshū

Inscriptions of bones or tortoise shells, Inscriptions on ancient bronze objects, Seal style calligraphy, Official script, Regular script, Running hand.

本课听说生词

New words in listening exercises

家属	信息	频道	网络	专用	老是	高中	向往
开设	烦恼	增添	辉煌	反映	抽象	脱离	构成
开办	窗口	叫做	需求	纽带	说法	吻	大胆
遇见	交谈	成就	感	集体			

词语总表

Y

Z